Le contentieux électoral au Gabon

Collection **Études africaines**

dirigée par Denis Pryen et son équipe

Forte de plus de mille titres publiés à ce jour, la collection « Études africaines » fait peau neuve. Elle présentera toujours les essais généraux qui ont fait son succès, mais se déclinera désormais également par séries thématiques : droit, économie, politique, sociologie, etc.

KOUASSI (Yao-Edmond), *Colonisations et société civile en Afrique*, 2014.
YOUGBARÉ (Sébastien), *Attachement et délinquance des mineurs : déterminants psychosociaux au Burkina Faso*, 2014.
ANIGNIKIN (Sylvain Coovi), *Les origines du mouvement national au Dahomey. 1900-1939*, 2014.
BONKENA BOKOMBOLA (Papy), *Routes rurales et développement socio-économique de la région de Mayombé (Ouest-RDC)*, 2014.
MAKENGO NKUTU (Alphonse), *L'essentiel de droit public. Le cas de la République démocratique du Congo*, 2014.
VILLASANTE CERVELLO (Mariella), *Le passé colonial et les héritages actuels en Mauritanie. État des lieux de recherches nouvelles en histoire et en anthropologie sociale*, 2014.
HINNOU (Patrick), *Négocier la démocratie au quotidien*, 2014.
CIJIKA KAYOMBO (Chrysostome), *Quelles stratégies pour une éducation idéale en Afrique ?*, 2014.
OWONO-KOUMA (Augusto), *Les essais de Mongo Beti : développement et indépendance véritable de l'Afrique noire francophone*, 2014.
DOUI-WAWAYE (Augustin Jérémie), *Repenser la sécurité en République centrafricaine*, 2014.

Ces dix derniers titres de la collection sont classés
par ordre chronologique en commençant par le plus récent.
La liste complète des parutions, avec une courte présentation
du contenu des ouvrages, peut être consultée
sur le site www.harmattan.fr

Francis Nkea Ndzigue

Le contentieux électoral au Gabon

L'Harmattan

5-7, rue de l'École-Polytechnique, 75005 Paris
www. harmattan.com
diffusion.harmattan@wanadoo.fr
harmattan1@wanadoo.fr
ISBN : 978-2-343-04857-4
EAN : 9782343048574

SOMMAIRE

INTRODUCTION

Définition

1. L'expression contentieux électoral est une alliance ou une jonction entre le nom contentieux et l'adjectif électoral.

Le contentieux est défini, selon le Lexique des termes juridiques, sous deux approches : en tant que substantif et en tant qu'adjectif. Dans le premier cas, il symbolise un ensemble de procès se rapportant au même objet. Il en est ainsi du contentieux civil, pénal, administratif, fiscal etc. Dans le second, c'est une situation qui fait l'objet d'un désaccord, spécialement juridique. On parle alors de différend qui existe entre deux individus. Le Petit Larousse illustré définit le terme comme un ensemble de litiges ou de conflits non résolus entre deux parties et susceptible d'être portés devant le juge.

Le terme électoral, en revanche, se rapporte naturellement à la notion d'élection ou de compétition, l'élection étant le choix, par les citoyens, de certains d'entre eux pour la conduite des affaires publiques selon le Lexique de termes juridiques.

C'est grâce à la substance de ces deux vocables que la doctrine a pu esquisser quelques définitions de la notion de contentieux électoral.

Ainsi, au sens large, il désigne l'ensemble des litiges nés des protestations qui sont dirigées contre toutes les modalités d'organisation d'une élection. Il inclut, dès lors, le contentieux des listes électorales, le contentieux de la candidature et le contentieux des opérations de vote.

Au sens strict, il désigne l'ensemble des contestations portant sur le déroulement des opérations de vote, qui intègre toutefois le contrôle exercé par le juge sur les candidatures, à savoir : l'éligibilité et les incompatibilités.

C'est ce deuxième sens qui fera l'objet de notre étude.

2. Il est important de rappeler que le contentieux électoral se distingue du contentieux de la constitutionnalité ou de la légalité d'une norme de droit électoral. En d'autres termes, il ne s'agit pas d'étudier les règles suivant lesquelles la Cour constitutionnelle est appelée à se prononcer sur la constitutionnalité d'une règle de droit électoral, qui n'ont rien de spécifiques au droit d'un procès ou d'un contentieux électoral, mais qui obéissent aux règles habituelles de droit constitutionnel, de saisine de la Haute juridiction.

Il ne s'agit pas davantage de recours pour excès de pouvoir formés par des individus contre des réglementations électorales diverses, celui-ci étant une voie de droit en contentieux administratif qui doit être nettement distinguée des recours dirigés contre les élections.

Histoire

3. La pratique de la justice constitutionnelle a été instituée par la Constitution du 21 février 1961, c'est-à-dire au lendemain de l'indépendance du Gabon. Cette loi fondamentale autorisa la création d'une Cour suprême composée de quatre chambres dont la Chambre constitutionnelle.

A cette époque, la Chambre constitutionnelle se chargeait uniquement d'assurer le contrôle de constitutionnalité des lois et la régularité des élections présidentielles, le contentieux des autres élections politiques et administratives revenant à la Chambre administrative de la Cour suprême. Le monopartisme régnant, le travail de la Chambre constitutionnelle en matière électorale n'était vraiment pas visible. Il s'agissait de remplir tout simplement une formalité, le candidat étant unique.

A la suite du processus de démocratisation dans le monde, notamment des années 90, la Conférence nationale de la même année au Gabon proposa alors la création d'une véritable juridiction constitutionnelle, la Cour constitutionnelle, susceptible de gérer le contentieux de toutes les élections politiques.

C'est elle qui gère désormais les élections politiques auxquelles participent plusieurs partis politiques et membres de la société civile.

Diverses catégories de contentieux

4. En matière de contentieux électoral, il y a diverses catégories de contentieux, qui tiennent compte, d'une part, de la nature de l'élection et, d'autre part, des diverses étapes de celle-ci.

Le contentieux relatif à la nature de l'élection

C'est le contentieux des élections locales, parlementaires, présidentielles et des opérations référendaires.

- Contentieux des élections locales

Il est numériquement le plus important parce que constitué de contestations portant sur l'éligibilité de tous les membres des collectivités locales, à savoir : les conseillers départementaux, municipaux et d'arrondissement urbain. Il a également pour objectif de vérifier la sincérité des résultats des scrutins par lesquels ont été désignés ces élus locaux. Les opérations de désignation des exécutifs locaux ou organes dirigeants (présidents et vice-présidents des conseils départementaux, maires et adjoints, maires d'arrondissement et adjoints) relèvent également de ce contentieux.

- Contentieux des élections parlementaires

Il est constitué par l'ensemble des solutions apportées par la Haute juridiction lors du contrôle qu'elle exerce sur l'aptitude des personnes à acquérir ou à conserver un mandat de député ou de sénateur (titulaires et suppléants) et sur la régularité des diverses opérations électorales y afférentes.

- Contentieux de l'élection présidentielle

Il regroupe à la fois les contestations relatives à l'éligibilité à la présidence de la République et celles ayant trait à la régularité de l'élection du président de la République.

- Contentieux des opérations référendaires

C'est le contentieux relatif aux contestations nées de l'organisation d'un référendum. Dans le cas où la Cour Constitutionnelle constate l'existence d'irrégularités dans le déroulement des opérations électorales, elle apprécie s'il y a lieu de les annuler ou maintenir. Mais, c'est un contentieux rare, le référendum ne suscitant pas trop de passion.

Le contentieux relatif aux diverses étapes de l'élection

Il s'agit, en premier lieu, du contentieux pré-électoral, qui intervient avant l'élection, notamment à propos de la régularité des candidatures. Il s'agit, en second lieu, du contentieux post-électoral, qui intervient après l'élection, notamment à propos de la régularité des opérations de vote.

Juridictions compétentes en matière de contentieux électoral

5. La matière électorale a la particularité de faire intervenir trois ordres de juridictions : la juridiction judiciaire (pénale), la juridiction administrative et la juridiction constitutionnelle. La première est compétente pour juger des infractions commises au cours d'une élection. La deuxième est compétente pour connaître des différends qui ont trait à l'inscription et à la radiation sur la liste électorale. Quant à la troisième, elle a compétence pour statuer sur les contestations relatives à la candidature, mais surtout de juger de la régularité et de la sincérité des opérations de vote.

Le droit applicable

6. Les règles applicables en matière de contentieux électoral sont celles prévues par la loi organique sur la Cour constitutionnelle, le Code électoral et, en tant que de besoin, celles qui sont prévues par le Code des juridictions administratives qui renvoie parfois au Code de procédure civile.

Plan de l'ouvrage

7. Le présent ouvrage s'articule autour du contentieux de la candidature et de celui des opérations électorales, d'autant que ce sont ces contentieux qui sont portés devant la Cour Constitutionnelle et font l'objet d'audiences publiques. Car, au cours de quelques-unes d'entre elles, il nous a été donné l'occasion de constater que les acteurs politiques et même les professionnels du droit ont une connaissance approximative de la procédure applicable en cette matière.

A l'avenir, pour un meilleur suivi de ce contentieux, nous avons jugé nécessaire de mettre à leur disposition un guide, qui part de la phase préparatoire du contentieux électoral (première partie), à la phase décisoire de celui-ci (deuxième partie).

PREMIERE PARTIE

LA PHASE PREPARATOIRE DU CONTENTIEUX ELECTORAL

Pour contester une élection politique, il faut introduire un recours au greffe de la Cour Constitutionnelle (chapitre I). Une fois enregistré, celui-ci fait l'objet d'une instruction préalable (chapitre II).

CHAPITRE I : LA REQUETE INTRODUCTIVE DU CONTENTIEUX

8. Pour être recevable devant la Cour Constitutionnelle, la réclamation[1] doit satisfaire à certaines conditions de forme (section 1) comme de fond (section 2).

Section 1 : Les conditions de forme

9. La requête, qui est obligatoirement écrite, doit être déposée dans des délais légaux (§1) et contenir des mentions obligatoires (§2).

§1 : Les délais de recours

10. De la combinaison des dispositions des articles 11 a nouveau de la Constitution, 71 et 94 nouveau de la loi organique sur la Cour Constitutionnelle et 122 nouveau du Code électoral, il résulte que la réclamation doit être déposée au greffe de la Cour Constitutionnelle ou au délégué du Gouvernement de la province où ont eu lieu les opérations électorales, sous peine d'irrecevabilité, au plus tard le **huitième jour suivant l'annonce des résultats** par le Ministre chargé de l'intérieur pour ce qui concerne les élections présidentielles.

Concrètement, l'annonce faite le Ministre de l'Intérieur est une forme de proclamation provisoire. C'est la Cour Constitutionnelle qui consacre son caractère définitif huit jours suivant cette annonce s'il n'y a pas contentieux.

[1] Terme que le législateur utilise également pour désigner le recours ou la requête.

Dans le cas contraire, la Cour est tenue de statuer dans un délai maximum de **quinze jours** à compter du **huitième jour** qui suit l'annonce des résultats.
Pour ce qui est des élections parlementaires, les opérations de référendum et les élections locales, la réclamation est faite dans les mêmes conditions respectivement le **dixième et le quinzième** jour suivant l'annonce des résultats par le Ministre chargée de l'intérieur.

En matière de contentieux pré-électoral, le délai est beaucoup plus abrégé. Selon l'article 66, alinéa 3, « *Une fois rendues publiques, les candidatures ne peuvent faire l'objet d'un recours que de la part d'un candidat devant la Cour constitutionnelle saisie dans les **soixante douze heures** de cette publication...* ».

Jadis, le délai de droit commun des élections politiques était de quinze jours après la proclamation des élections par la Cour Constitutionnelle. Au cours de la dernière révision constitutionnelle, ce principe a été abandonné. Désormais, il est fonction de la catégorie d'élection visée (présidentielle, parlementaire et locale). Le point de départ de la computation des délais a aussi changé. Il ne part plus du jour de la proclamation des résultats par la Cour Constitutionnelle, mais du jour de l'annonce par le Ministre chargé de l'intérieur. Faudrait-il conclure par là qu'on est définitivement élu si huit, dix ou quinze jours après cette annonce, l'élection n'est frappée d'aucun recours. On répondrait positivement tout en précisant que pour les élections autres que présidentielles, l'élu qui n'est pas frappé par un recours devrait attendre l'issue des contentieux pour entrer en fonction.

Manifestement, on s'est bien gardé cette fois-ci de violer un principe sacro-saint en droit processuel : le double

degré de juridiction, qui est le fait pour une juridiction de ne voir ses décisions remise en cause que par une juridiction supérieure.
La Cour Constitutionnelle ne peut plus à la fois rendre la décision de proclamation et connaître du contentieux, sous peine d'être juge et partie. Les acteurs politiques n'avaient d'ailleurs de cesse de stigmatiser cette pratique. En effet, la personne proclamée élue par cette Cour ne comprenait jamais pourquoi cette même Cour revenait sur sa propre décision.

L'initiative est louable, car il faut reconnaître que lors de la dernière consultation présidentielle, l'attente des résultats définitifs a été suffisamment longue pendant que les divers états major politiques commençaient à s'agiter.

La violation de ces dispositions ne peut qu'entraîner l'irrecevabilité de la requête.

Est donc irrecevable, comme tardive, toute requête déposée au greffe de la Cour constitutionnelle quinze ou vingt jours après la proclamation des résultats de l'élection, selon sa nature.

Est également irrecevable, comme prématurée, toute requête déposée au greffe de la Cour constitutionnelle avant l'annonce des résultats du scrutin par le Ministre de l'intérieur. Cette jurisprudence vient d'ailleurs d'être consacrée par le nouvel article 122 du Code électoral. Une telle irrecevabilité n'est plus concevable à ce jour, d'autant qu'à chaque début de contentieux, la Cour met en place une structure de permanence qui, non seulement donne des informations sur la computation des délais, mais surtout veuille au respect de ces derniers. De la sorte, elle peut s'opposer, après consultation de la juridiction compétente, à un dépôt prématuré ou tardif.

§2 : Les mentions obligatoires

11. L'article 72 nouveau de la loi organique sur la Cour Constitutionnelle dispose que « *A peine d'irrecevabilité, la requête doit contenir les noms, prénoms, adresses et qualités du ou des requérants, le nom du ou des élus dont l'élection est contestée...Elle doit être signée de son auteur* ».

Il en résulte que deux séries de mentions doivent obligatoirement figurer sur la réclamation : l'une relative au demandeur (1), l'autre au défendeur (2).

1) La série de mentions relatives au demandeur

12. Le demandeur, lorsqu'il s'agit d'une personne physique, doit décliner ses noms, prénoms et adresses. S'il s'agit d'une personne morale, elle doit indiquer sa dénomination, sa forme et son siège social même si la loi ne le précise pas. Il en est ainsi d'un parti politique ou d'un groupement de partis politiques que le droit rapproche habituellement de la personne physique. Dans la pratique, les plaideurs n'éprouvent aucune difficulté à faire paraître leurs noms et prénoms. En revanche, c'est l'indication de l'adresse qui est souvent problématique, l'administration n'ayant jamais mis en place une véritable politique d'immatriculation des rues et quartiers. Selon la jurisprudence de la Cour constitutionnelle, la boîte postale ou le numéro de téléphone peuvent néanmoins être considérée comme adresse.

Le demandeur doit également indiquer sa qualité (électeur ou candidat[2]) par rapport à l'élection attaquée. A ce propos, l'article 122 du Code électoral précise que : « *Tout électeur a le droit de demander l'annulation des opérations électorales de son bureau de vote. Tout candidat, tout parti politique ou tout groupement de partis politiques qui a présenté une liste de candidatures, a le droit de demander l'annulation, soit par lui-même, soit par son représentant, des opérations électorales de la circonscription où il a posé sa candidature* ». Est donc irrecevable, la requête dont l'auteur n'est ni inscrit sur les listes électorales, ni candidat dans la circonscription concernée[3]. Est également irrecevable, la requête ès qualité de député sortant, même électeur ou candidat dans la circonscription en cause[4].

Enfin, la requête doit être signée de son auteur. L'auteur s'étend ici du requérant, c'est-à-dire de l'électeur ou du candidat ou encore du parti politique ou groupement de partis politiques et non du rédacteur de l'acte qui peut être soit un mandataire ordinaire, soit un mandataire professionnel dont un conseil juridique ou un avocat. Est donc irrecevable la requête présentée au nom d'une personne qui ne l'a pas signée, la représentation du requérant par un tiers n'étant admise que pour les autres actes de la procédure (mémoires, plaidoiries, notes en délibéré). Il en est ainsi d'une requête signée par un avocat déclarant agir en tant que mandataire. La matière électorale étant des plus sensibles, il faut éviter que des

[2] Il peut s'agir d'une personne physique, d'un parti politique ou d'un groupement de partis politiques.

[3] Décision n° 011/97/CC du 08 mars 1997, Cour constitutionnelle, Recueil des décisions et avis, 1997, p. 17 et s.

[4] Décision n° 0139/2007/CC du 26 juillet 2007

montages politiques se trament à l'insu du requérant. Sa signature s'apparente dès lors à une sorte de verrou.

2) La série de mentions relatives au défendeur

13. Pour marquer l'esprit du contentieux électoral, le législateur a exigé que le nom du ou des défendeurs (c'est-à-dire du ou des élus) figure expressément sur le recours. Car, en matière de contentieux électoral, le recours est porté contre l'élu et non contre les organisateurs de l'élection (la CENAP par exemple) ou l'élection elle-même. Il en est ainsi d'une requête en annulation de l'élection de Monsieur OWANGA Laurent et non de l'élection du 12 mai 2008 à MOABI. Est donc irrecevable une requête déposée contre un candidat n'ayant pas encore été proclamé élu[5]. L'est également, un recours diligenté contre un Préfet ou un Président du Conseil National de la Communication pour avoir été aperçu aux abords des bureaux de vote le jour du scrutin.

Section 2 : Les conditions de fond

14. L'article 72 de la loi organique sur la Cour constitutionnelle précité dispose également que « *A peine d'irrecevabilité, la requête doit contenir (...) l'exposé des faits et des moyens invoqués (...) Les pièces utiles au soutien des moyens doivent être annexées à la requête* ».

De cette disposition, il résulte que la requête doit préciser les prétentions de son auteur (§1) et être assortie de preuves exigées (§2).

---

[5] Décision n° 010/97/CC du 8 mars 1997, Cour constitutionnelle, Recueil des décisions et avis, 1997, p. 15 et s.

§1 : La précision des prétentions

15. Pour être recevables, les moyens présentés, bien entendu, dans le délai du recours contentieux[6], doivent être assortis de précisions suffisantes pour permettre au juge d'en apprécier le bien-fondé. Parmi ces précisions, il y a non seulement l'exposé des faits, mais également celui des moyens de droit, notamment les textes de loi qui s'y s'appliquent. Tel n'est pas le cas du grief tiré de la mauvaise identification dans un bureau de vote de ses bulletins[7] ou de celui tiré de la mise en œuvre de procédés contraires aux instructions officielles, aux lois et règlements en vigueur, sans indiquer un fait bien précis. Mais, le requérant peut en préciser ultérieurement la portée par des indications supplémentaires, si elles sont invoquées, à travers une requête additive, dans le délai requis.

§2 : Les preuves exigées

16. Toute requête, pour être recevable, doit être accompagnée de preuves au soutien des moyens invoqués. Il doit s'agir de toutes sortes de preuves, la Cour ne devant retenir que celles qui viennent corroborer les observations

---

[6] Tout grief présenté après l'expiration de ce délai est irrecevable, à moins qu'il s'agisse d'un moyen d'ordre public, notamment du moyen tiré de l'inéligibilité d'un candidat ou de son suppléant.

[7] Décision n° 034/97/CC du 18 mars 1997, Cour constitutionnelle, Recueil des décisions et avis, 1997, p. 75 et suivants d'où il ressort ce qui suit : « Sur le moyen tiré de la mauvaise identification de ses bulletins de vote : Considérant que la requérante ne donne pas de précisions suffisantes pour permettre à la Cour d'apprécier l'éventuelle incidence de ce manquement sur les résultats du scrutin ».

consignées au procès-verbal du bureau de vote[8]. Est donc irrecevable, la requête dans laquelle le requérant ne joint, à l'appui de ses allégations, aucune preuve ou commencement de preuve de la réalité des faits invoqués.

Mais, dans la pratique, la Cour ne se sert pas toujours des allégations corroborées par un procès-verbal de bureau de vote, sinon de tout indice vraisemblable et concordant. Car, la plupart des observateurs placés dans un bureau de vote n'ont pas toujours la possibilité de faire des mentions au procès-verbal, notamment dans un bureau de vote qui semble acquis à la cause d'un candidat. Faut-il conclure par-là que la preuve devant la Cour constitutionnelle est libre et s'administre par tous moyens ? La réponse à cette question est assurément positive. C'est ainsi que la Cour a pu annuler une élection pour violence avérée sans que la preuve ne soit consignée au procès-verbal[9].

Au demeurant, une fois la requête déposée au greffe de la Cour constitutionnelle, elle doit obligatoirement faire l'objet d'une instruction préalable.

---

[8] C'est l'occasion de rappeler les termes de l'article 90 alinéa 3 du Code électoral : « Seules les observations ainsi consignées (c'est-à-dire celles consignées dans le procès-verbal) sont prises en considération à l'appui d'une requête ultérieure introductive d'un contentieux électoral ».

[9] V. Décision n° 062/97/CC du 3 avril 1997, Cour constitutionnelle, Recueil des décisions et avis, 1997, pp. 169 et suivants, d'où il ressort ce qui suit : « *Considérant qu'il résulte du dossier (et non du procès-verbal du bureau de vote), d'une part, que des violences qui ont eu pour conséquences le bris de trois urnes et le non dépouillement des résultats des trois bureaux concernés sur les six que compte la circonscription électorale…* ».

CHAPITRE II : L'INSTRUCTION PREALABLE

17. Pour qu'une procédure fasse l'objet d'une instruction, il faut au préalable qu'un rapporteur soit désigné (section 1). Une fois en possession du dossier, celui-ci est tenu de l'instruire contradictoirement (section 2). A la fin de l'instruction, un rapport est établi pour être lu en audience publique (section 3).

Section 1 : La désignation du rapporteur

18. Selon l'article 73 de la loi organique sur la Cour Constitutionnelle, c'est le Président de la Cour qui, dès que la requête enregistrée au greffe lui est transmise, désigne un rapporteur.

L'article 26 du même texte précise qu'il le fait par ordonnance et que le choix doit obligatoirement porter sur un membre de la Cour et non sur un assistant[10].

Les alinéas 2, 3 et 4 de l'article 73 ajoutent que le Président peut désigner, dans les mêmes formes et conditions, des rapporteurs adjoints et des experts.

Le rapporteur adjoint, qui est choisi parmi les magistrats figurant sur une liste spéciale établie chaque année par le Conseil supérieur de la magistrature, assiste le rapporteur dans l'accomplissement de sa mission.

---

[10] Les assistants ne sont pas membres de la Cour. Selon l'article 17 a nouveau de la loi organique sur la Cour constitutionnelle, ils sont membres du Centre d'études et de recherches constitutionnelles, législatives et de droit comparé qui assiste les membres de la Cour dans l'accomplissement de ses missions.

Quant à l'expert, c'est un homme de l'art à qui il est fait appel soit à la demande du rapporteur, soit à celle de la Cour. Sa mission est spécifiée dans l'ordonnance de désignation, mais il doit prêter serment devant la Cour avant l'accomplissement de celle-ci. Il peut ainsi s'agir d'un ingénieur en informatique, pour éclairer la Cour sur la confection du fichier électoral, ou d'un greffier de l'ordre judiciaire, pour vérifier l'authenticité des mentions figurant dans le casier judiciaire. Mais, comme en matière de droit commun, ses conclusions ne lient nullement la Cour.

Section 2 : Le déroulement de l'instruction

19. De la combinaison des articles 26 et 74 de la loi organique sur la Cour Constitutionnelle, il ressort clairement que le rapporteur désigné doit accomplir sa mission au terme d'une procédure contradictoire.

C'est ainsi que, une fois en possession de la requête, il la fait notifier, dans les cinq jours, par le greffier à la ou aux personnes dont l'élection est contestée. En cas de réclamation contre une liste de candidats, la notification du recours et de tous les actes de procédure est valablement faite soit au candidat figurant en tête de liste, soit au siège du parti politique qui a présenté la liste ou, en cas de liste commune, au siège du parti qui vient en tête de liste.

Il leur impartit un délai de cinq jours, sous peine d'irrecevabilité, pour présenter leurs moyens de défense. Des délais supplémentaires peuvent même être accordés à toutes les parties (en demande comme en défense), si le rapporteur ou la Cour le juge opportun.

S'il n'est pas suffisamment édifié, il peut même être amené à entendre les parties, seule ou ensemble, notamment lorsqu'une confrontation s'avère nécessaire.

Il peut par ailleurs entendre toute personne dont l'audition lui paraît nécessaire, à l'instar du Président de la CENAP, d'un Président de commission électorale locale ou d'un Président de bureau de vote. Lorsqu'il le juge nécessaire, il peut solliciter son avis par écrit.

Enfin, il peut arriver que le rapporteur ordonne un recomptage contradictoire des suffrages. Ce fut le cas pendant le contentieux de l'élection présidentielle de 2009. Mais, l'opération n'a pas permis de départager les candidats, chacun faisant valoir sa position.

Section 3 : L'établissement du rapport

20. C'est l'article 26, alinéa 2, de la loi organique sur la Cour constitutionnelle qui pose le principe de l'établissement du rapport.

Il dispose en substance que : « *les résultats de l'instruction sont consignés dans un rapport écrit* ».

Ce rapport analyse les moyens de droit soulevés ainsi que les pièces produites par les parties, notamment les procès-verbaux des opérations électorales et leurs annexes.

Selon l'article 75 de la même loi, la Cour ou le rapporteur peuvent demander aux autorités administratives, qui sont tenus de les leur fournir, tous rapports ou documents qu'ils jugent utiles à la solution de l'affaire, notamment les procès-verbaux des opérations électorales et leurs annexes.

A la fin de ce rapport, les points de droit à trancher par la Cour sont énoncés et analysés.

Il est déposé au greffe de la Cour Constitutionnelle, qui le transmet à son Président, avant d'être lu à l'audience publique par le rapporteur lui-même.

DEUXIEME PARTIE

LA PHASE DECISOIRE DU CONTENTIEUX ELECTORAL

La phase décisoire est l'aboutissement du contentieux électoral. Elle comporte deux stades : celui du rendu de la décision (chapitre 1) et celui des effets de cette décision (chapitre 2).

CHAPITRE I : LE RENDU DE LA DECISION

21. Sauf en matière de contentieux pré-électoral[11], la décision est rendue au cours d'une audience publique (section 1), au terme de laquelle l'affaire est mise en délibéré pour décision être rendue plus tard (section 2).

Section 1 : L'audience publique

22. C'est la phase la plus sensible du contentieux électoral puisqu'elle est orale et publique comme en matière pénale.

Elle commence par la lecture du rapport. C'est ce qui ressort de l'article 26 de la loi organique sur la Cour constitutionnelle. Ce rapport est lu entièrement à l'audience par le juge constitutionnel qui a été désigné rapporteur. Dans son rapport, celui-ci expose minutieusement les éléments de fait du dossier et les moyens de droit qui s'y rattachent. S'il estime utile qu'il y a lieu de procéder à une enquête ou à d'autres mesures d'instruction, il en indique les motifs[12]. Il ne prend nullement position, la décision ne pouvant être prise que par tous les membres de la Cour. Il fait donc œuvre de simple transcription et d'éclairage.

Selon l'article 77 alinéas 1 et 2 de la loi organique sur la Cour constitutionnelle, la Cour peut, après la lecture du rapport par le Juge-rapporteur, entendre toute personne ou ordonner toute mesure d'instruction complémentaire si elle le juge nécessaire. Dans ce cas et lorsque l'affaire est

[11] En matière de contentieux pré-électoral, la décision est rendue en chambre de conseil et notification aux parties est faite par le greffier.
[12] Dans ce cas, la Cour rend une décision avant-dire-droit.

en état d'être jugée, la Cour communique le dossier ainsi que le rapport au Commissaire à la loi pour préparer ses réquisitions.

23. Elle se poursuit par les observations des parties ou les plaidoiries de leurs conseils, puis par le réquisitoire du Commissaire à la loi.

Schématiquement, une fois le rapport rendu public, la parole est donnée aux parties, à savoir : demandeur, défendeur ou leurs avocats, représentant de la société ou commissaire à la loi, pendant cinq à dix minutes. Loin de faire entorse à la libre exercice des droits de la défense, la Cour entend plutôt rester dans les fondamentaux, à savoir que la procédure électorale, qui obéit aux principes de la procédure administrative, est par essence écrite comme le rappelle l'article 25 de la loi organique sur la Cour Constitutionnelle.

Au demeurant, c'est le requérant ou son conseil[13] qui prend la parole en premier. La Cour la lui concède non pas pour qu'il reprenne l'exposé des moyens déjà contenus dans sa requête, mais pour qu'il fasse des observations sur la transcription faite par le rapporteur. A la limite, il peut revenir sur des aspects partiellement élucidés ou sur des omissions flagrantes pour éclairer la religion de la Cour.

La parole est ensuite donnée à la défense ou son conseil qui n'est pas tenu de répondre à tous les arguments développés par le requérant, mais à ceux qui ont trait au rapport qui vient d'être lu.

---

[13] C'est à ce niveau que l'avocat est autorisé à intervenir, l'article 25 de la loi organique l'ayant uniquement assigné à un rôle d'assistance. Selon l'alinéa 4 de cet article, « les parties peuvent se faire assister par un conseil de leur choix » et non se faire représenter.

24. En dernier, l'occasion est donnée au Commissaire à la loi de livrer la teneur de ses réquisitions. Il doit le faire verbalement à charge comme à décharge. Mais, les justiciables les ont souvent confondues à tort à la décision elle-même puisqu'elles proviennent d'un membre de la Cour.

Section 2 : La décision

25. Après toutes les observations, l'affaire est, selon l'alinéa 3 de l'article 77 de la loi organique sur la Cour constitutionnelle, mise en délibéré pour décision être rendue sur la forme et sur le fond. Cette décision intervient dans un délai maximum de **quinze jours** à compter du huitième jour qui suit l'annonce des résultats par l'autorité administrative compétente, pour ce qui concerne l'élection du Président de la République, **deux mois** à compter de l'enregistrement de la requête au greffe de la Cour pour les élections parlementaires et les opérations de référendum et dans un délai maximum de **trois mois** à compter de l'enregistrement au greffe, pour ce qui concerne l'élection des conseillers municipaux et des conseillers départementaux.

Ces délais sont prorogés d'un mois si la Cour rend une décision avant- dire-droit portant sur une mesure d'instruction ou la production d'une preuve.

Exceptionnellement, en matière de contentieux pré-électoral, l'article 66, alinéa 3, dispose que : « *La Cour constitutionnelle statue dans les* ***cinq jours*** *de sa saisine* ».

26. Cette décision, qui est rendue en audience publique, sauf en matière de contentieux de la candidature, à la date fixée par la Cour, doit comporter les visas[14] des textes applicables, les motifs sur lesquels elle repose, un dispositif[15], les noms des membres qui ont siégé, la signature du Président et du greffier.

Dans le dispositif de son arrêt, la Cour Constitutionnelle peut, soit valider, soit invalider la candidature dans le cadre d'un contentieux pré-électoral, soit valider, soit invalider l'élection contestée dans le cadre d'un contentieux post-électoral.

27. Pour y parvenir, elle doit obligatoirement prendre en considération un certain nombre de causes d'invalidation ou d'annulation, qui sont soit péremptoires, soit facultatives.

Elles sont péremptoires dans les cas suivants :

- La constatation de l'inéligibilité du candidat ;
- L'existence d'une candidature multiple ;
- L'organisation des élections en dehors des circonscriptions ou des sections électorales définies par la loi ;
- L'organisation du scrutin dans les lieux de vote autres que les bureaux réguliers ;
- Le défaut d'isoloir dans un bureau de vote, même hors de toute intention de fraude ;
- Le déplacement de l'urne hors du bureau de vote avant ou pendant le dépouillement, sans l'autorisation du bureau de vote ;

[14] Mention officielle attestant qu'une chose a été examinée par une autorité selon le Vocabulaire juridique de Gérard CORNU.
[15] C'est la partie finale ou le résumé d'un jugement.

- La constatation dans l'urne d'un nombre de lots d'enveloppes accolées supérieur au nombre d'émargements ;
- La manipulation avérée du fichier électoral ou de la liste électorale ;
- L'arrêt définitif des opérations de vote pour insuffisance de bulletins de vote.

Elles sont facultatives lorsqu'il y a fraude, transfert d'électeurs d'une circonscription à une autre ou d'un bureau de vote à un autre, corruption, empêchement et séquestration, à condition qu'il soit reconnu par la Cour Constitutionnelle qu'elles ont faussé le résultat du scrutin d'une manière déterminante pour l'élection des candidats.

Il en est de même de la participation à la propagande électorale, par des déclarations publiques écrites ou verbales, des autorités administratives locales.

28. Il faut ajouter que lorsqu'il y a inobservation des conditions et des formalités prescrites par les lois et les règlements, la Cour constitutionnelle apprécie librement si le vice constaté est de nature à entraîner l'annulation de l'élection ou de la candidature. Autrement, toute sorte de violation de la loi constatée dans le processus de déroulement de l'élection est susceptible d'entraîner l'invalidation de la candidature ou l'annulation de l'élection.

CHAPITRE II : LES EFFETS DE LA DECISION

29. Dès que la décision est notifiée aux parties, à la CENAP et au Ministre chargé de l'Intérieur, elle commence à produire ses effets selon qu'il s'agit d'un rejet (section 1) ou d'une annulation (section 2), même si une ou plusieurs parties décide (nt) d'exercer des voies de recours (section 3).

Section 1 : La décision de rejet

30. En cas de rejet, la candidature est validée lorsqu'il s'agit d'un contentieux pré-électoral. Si, en revanche, il s'agit d'un contentieux post-électoral, le candidat est déclaré définitivement élu. A partir de ce moment, la candidature retenue participe à l'élection. Quant à l'élu, il exerce tous les droits attachés à son mandat. Il ne peut à nouveau être inquiété que s'il est frappé, en cours de mandat, d'une inéligibilité ou d'une incompatibilité[16].

L'inéligibilité est la situation de celui qui, légalement, ne peut être éligible[17], soit dans aucune circonscription (inéligibilité absolue à l'instar de celle de l'étranger), soit dans certaines circonscriptions seulement (inéligibilité relative comme celle de certains fonctionnaires dans les ressorts où s'exerce leur autorité).

---

[16] Dans ce cas, la Cour constate sa déchéance et remet le mandat en jeu.

[17] C'est le cas lorsqu'il est frappé d'une incapacité électorale, notamment les condamnés pour crimes ou délits selon les articles 26 et suivants du Code électoral.

L'incompatibilité par contre est une impossibilité légale de cumuler, soit certaines fonctions publiques, soit certains mandats électifs, soit une fonction publique ou un mandat électif avec certaines occupations ou situations privées, soit même deux activités privées (telles que commerçant et commissaire au compte).

Section 2 : La décision d'annulation

31. C'est l'article 84 de la loi organique sur la Cour constitutionnelle qui édicte que, en cas d'annulation de tout ou partie des élections, le Ministre de l'Intérieur prend toutes les dispositions pour le renouvellement des opérations électorales.

L'article 127 de l'ordonnance du 21 août 2007 portant modification de certaines dispositions du Code électoral ajoute que le collège électoral est convoqué dans un délai de deux à quatre mois à compter de la date de notification de la décision d'annulation.

Il ne s'agit pas d'une nouvelle élection, mais plutôt de la même élection qu'on ne fait que reprendre. Dans ces conditions, les règles d'organisation restent les mêmes. Aucune nouvelle inscription ne peut être admise à moins qu'elle ne soit autorisée par le juge administratif. Aucune nouvelle candidature ne peut aussi être enregistrée, à moins d'un changement interne d'individu au sein du parti politique ou du groupement de partis politiques, le candidat étant, dans ces conditions, la personne morale et non la personne physique.

En revanche, en matière de contentieux de la candidature, si cette dernière est invalidée, le candidat ne participe pas à l'élection et aucune autre candidature n'est admise à sa place[18]. S'il s'agit d'une élection de liste, l'invalidation de la candidature d'un colistier entraîne le rejet de toute la liste.

Section 3 : Les voies de recours

32. En matière de contentieux électoral, la voie de recours ne suspend pas les effets de la décision. La situation des parties reste en l'état. Elle ne peut être modifiée que par une décision contraire du juge saisi.

Il n'existe que deux voies de recours : la rectification et la révision.

33. Lorsqu'une décision de la Cour Constitutionnelle est entachée d'une erreur matérielle susceptible d'avoir exercé une influence sur le jugement de l'affaire, la partie intéressée a le droit d'introduire, devant cette juridiction, un recours en rectification.

34. Le recours en rectification est introduit dans les mêmes formes que la requête introductive d'instance, et ce, dans un délai de quinze jours qui court du jour de la notification de la décision dont la rectification est demandée.

35. La Cour constitutionnelle peut même opérer de sa propre initiative toutes rectifications d'erreur matérielle. Elle peut même procéder à des redressements nécessaires.

---

[18] Décision n° 096//CC du 25 novembre 2011 d'où il ressort ce qui suit : « ... *il en découle que Monsieur X est un adhérent du parti social démocrate jusqu'à ce qu'il en démissionne ; que ne justifiant pas d'une démission préalable dudit parti politique, comme le veut l'article 62 du Code électoral, sa candidature doit être invalidée* ».

36. Le recours à la révision, en revanche, n'est ouvert que dans les cas suivants :

- s'il y a eu fraude de l'une des parties de nature à avoir déterminé la conviction de la Cour ;
- s'il y a eu faux témoignage reconnu par une décision de justice ;
- si la décision considérée a été rendue sur des fausses pièces ;
- si, depuis la décision, il a été recouvré des pièces décisives détenues par l'adversaire.

Ce recours est exercé dans le délai de quinze jours à compter de la notification de la décision attaquée.

37. Il importe de signaler que le recours abusif est sanctionné par la loi. En effet, selon l'article 88 de la loi organique sur la Cour Constitutionnelle, la Cour peut infliger au requérant de mauvaise foi, par décision motivée, une amende de cent mille à un million de francs dont le recouvrement est à la charge du Trésor public. Le contrevenant peut d'ailleurs faire l'objet d'un avis à tiers détenteur, c'est-à-dire d'une saisie de ses avoirs par le Trésor public.

CONCLUSION

Au terme de cette étude, il convient de retenir que l'organisation d'un contentieux électoral est une mission difficile qui ne peut être exemptée d'erreurs et de partialité. Mais, la marge sur laquelle se commettent de telles irrégularités tendrait à se réduire qu'à l'initiative d'un grand nombre de requérants. C'est la raison d'être de cet ouvrage.

BIBLIOGRAPHIE

MBORANTSOUO (M.M), « *La Contribution des Cours Constitutionnelles à l'Etat de droit en Afrique* », Paris, Economica, 2007, 365 p.

NDAOT-REMBOGO (S), « *Les Institutions Judiciaires du Gabon* », Yaoundé, 1981.

PAMBOU TCHIVOUNDA (G), « *Une Juridiction Constitutionnelle au Gabon (à propos de la chambre constitutionnelle de la Cour Suprême au Gabon)* », in les Cours Suprêmes en Afrique, RJDIC, Economica, Paris, 1988.

REMONDO (M), « *la Cour constitutionnelle gabonaise* », Penant, Revue du droit des pays d'Afrique, n°813, octobre-décembre 1994, pp. 271 à 291.

ROSSANTAGA RIGNAULT (G), « *la Cour constitutionnelle : pierre angulaire de l'Etat de droit au Gabon* » ? », Revue de Droit International et de Droit Comparé, n°4, 1998, pp. 272 à 303.

MBORANTSOUO (M.M), « *Cours constitutionnelles africaines et Etat de droit* », thèse Aix-Marseille, 2002, 447 p.

NZE BITEGHE (J.C), « *Le système gabonais de justice constitutionnelle : l'exemple de la Cour constitutionnelle* » », Thèse Université des sciences sociales de Toulouse 1, 2000, 558 p.

WORA (H.S), « *La justice constitutionnelle au Gabon* », Thèse Université Paris sud 11, Faculté de droit Jean Monnet, 2002, 2 vol., 543 p.

ANNEXE : CODE ELECTORAL DU GABON

Loi n°7/96 du 12 mars 1996 portant dispositions communes à toutes les élections politiques modifiée par la loi n°10/98 du 10 juillet 1998

L'Assemblée nationale et le Sénat ont délibéré et adopté ;

Le Président de la République, Chef de l'Etat, promulgue la loi dont la teneur suit :

TITRE PREMIER : DES DISPOSITIONS GÉNÉRALES

CHAPITRE PREMIER : DE L'ÉLECTION EN GÉNÉRAL

Article premier : La présente loi, prise en application des dispositions de l'article 47 de la Constitution, porte dispositions communes à toutes les élections politiques en République gabonaise.

Article 2 : L'élection est le choix librement exercé par le peuple en vue de désigner les citoyens appelés à la conduite et à la gestion des affaires publiques de la nation ou des collectivités locales selon les principes de la démocratie pluraliste.

Article 3 : Sous réserve des dispositions des articles 10 et 37 de la Constitution, la présente loi s'applique aux élections politiques et au référendum.

Sont élections politiques :

- l'élection du Président de la République ;
- l'élection des Députés à l'Assemblée nationale :
- l'élection des Sénateurs au Sénat ;
- l'élection des membres des conseils municipaux et des conseils départementaux.

Article 4 : Le suffrage est universel, égal et secret. Il peut être direct ou indirect dans les conditions prévues par la Constitution ou par la loi.

Article 5 : Le mode de suffrage et le mode de scrutin sont déterminés par la loi pour chaque catégorie d'élection.

Article 6 : Les règles relatives aux élections nouvelles ou complémentaires en cas de vacance ou d'empêchement définitif sont déterminées par la présente loi pour chaque catégorie d'élections et s'appliquent sans préjudice des dispositions spéciales prévues par la Constitution en cas de vacance définitive de la présidence de la République.

Sous réserve des dispositions constitutionnelles visées à l'alinéa premier ci-dessus, il n'est pas pourvu au remplacement des élus en cas de vacance ou d'empêchement dans les six mois qui précèdent l'expiration de leur mandat.

CHAPITRE DEUXIÈME : DE LA PRÉPARATION ET DE L'ORGANISATION DES ÉLECTIONS

Article 7 : (Loi n°10/98 du 10 juillet 1998). La préparation et l'organisation des élections incombent respectivement à l'administration et aux commissions électorales.

SECTION I : DE L'ADMINISTRATION

Article 8 : (Loi n°10/98 du 10 juillet 1998). L'administration sous l'autorité du Ministre chargé de l'Intérieur, a pour missions :

- l'établissement des listes électorales et des cartes d'électeur ;
- la distribution des cartes d'électeur ;

- la commande et la réception du matériel électoral ;
- l'établissement et l'exécution de programmes de formation des agents chargés des opérations électorales ;
- l'établissement d'un programme et la conduite d'une campagne d'éducation civique des électeurs ;
- la détermination des centres de vote.

Article 9 : (Loi n°10/98 du 10 juillet 1998). Les moyens financiers et matériels nécessaires à l'action de l'administration font l'objet d'une inscription au budget de l'État.

SECTION II : DE LA COMMISSION NATIONALE ÉLECTORALE

Article 10 : Il est créé une commission nationale électorale, en abrégé CNE, à laquelle sont conférées les missions définies ci-après :
- la centralisation des procès-verbaux des commissions électorales locales, relatifs à la détermination des bureaux de vote et à l'implantation de ceux-ci ;
-la centralisation et l'examen des déclarations de candidature ;
- l'établissement des bulletins de vote et des formulaires des procès-verbaux ;
- la distribution du matériel électoral ;
- la supervision du déroulement des opérations électorales ;
- le recensement et la centralisation des résultats électoraux.

La commission nationale électorale a son siège à Libreville (Loi n°10/98 du 10 juillet 1998).

Article 10 a : Les moyens financiers et matériels nécessaires à l'action de commission nationale électorale font l'objet d'une inscription au budget de l'Etat. Ils sont gérés selon les règles de la comptabilité publique par un agent du trésor mis à la disposition de la commission nationale électorale. (Loi n°10/98 du 10 juillet 1998).

Article 11 : La commission nationale électorale est dépositaire de la liste nationale électorale qu'elle reçoit de l'administration, (Loi n°10/98 du 10 juillet 1998).

Article 12 : (Loi n°10/98 du 10 juillet1998). La commission nationale électorale est composée d'un bureau comprenant :
- un Président ;
- deux vice-présidents ;
- un rapporteur général ;
- un rapporteur général adjoint :
- deux rapporteurs.

Le Président est choisi, pour chaque élection, par la Cour constitutionnelle, parmi les hauts magistrats en activité occupant les fonctions des groupes VI et VII de l'article 34 de la loi n°12/94 du 16 septembre 1994 portant statut des magistrats.

Les deux vice-présidents sont choisis à raison de un par les partis ou groupements de partis politiques légalement reconnus de la majorité, un par les partis ou groupements de partis politiques légalement reconnus de l'opposition.

Le rapporteur général est le Secrétaire général du Ministère de l'intérieur ou Directeur général de l'administration du territoire.

Le rapporteur général adjoint est le Directeur général de la statistique ou son adjoint.

Les deux rapporteurs sont choisis à raison de un par les partis ou groupements de partis politiques légalement reconnus de la majorité, un par les partis ou groupements de partis politiques légalement reconnus de l'opposition.

Article 13 : (Loi n°10/98 du 10 juillet 1998). La commission nationale électorale comprend également les membres représentant :

- les Ministères techniques ;
- les partis politiques légalement reconnus ou groupements de partis politiques légalement reconnus ;
- les candidats, en cas d'élection Présidentielle.

Article 14 : (Loi n°10/98 du 10 juillet 1998). Les ministères techniques visés à l'article 13 ci-dessus sont les suivants :

- le Ministère chargé de l'Intérieur ;
- le Ministère chargé des Affaires Etrangères, en cas d'élection Présidentielle ;
- le Ministère chargé de l'Education Nationale ;
- le Ministère chargé de la Justice ;
- le Ministère chargé de la Communication ;
- le Ministère chargé de la Défense Nationale ;
- le Ministère chargé des Finances ;
- le Ministère chargé de la Planification.

Article 14 a : (Loi n°10/98 du 10 juillet 1998). Les partis ou groupements de partis politiques sont représentés à parité, majorité et opposition, au sein de la commission nationale électorale.

Article 15 : Le mode de prise de décision au sein de la commission nationale électorale est le consensus ou, à défaut, le vote à bulletin secret. Dans ce dernier cas, seuls les membres du bureau participent au vote, le Président ayant voix prépondérante. (Loi n°10/98 du 10 juillet 1998).

Article 16 : Les procès-verbaux et documents divers sont signés par l'ensemble des membres de la commission avec inscription, par le Président, des réserves ou des motifs de refus de signer. (Loi n°10/98 du 10 juillet 1998).

SECTION III : DES COMMISSIONS ÉLECTORALES LOCALES

Article 17 : Il est créé dans chaque province, chaque département, chaque commune et chaque représentation diplomatique ou consulaire, une commission électorale dénommée, selon le cas :

- commission provinciale électorale ;
- commission départementale électorale ;
- commission communale électorale ;
- commission consulaire électorale. (Loi n°10/98 du 10 juillet 1998).

Article 18 : Outre les missions définies à l'article 10 ci-dessus :

- la commission provinciale électorale est dépositaire des listes électorales départementales et communales ;
- la commission départementale électorale reçoit du préfet la liste électorale départementale qu'elle affiche à son siège. Elle procède ensuite à l'affichage dans chaque bureau de vote de la liste électorale correspondante ;
- la commission communale électorale reçoit du préfet la liste communale électorale qu'elle affiche à son siège. Elle procède ensuite à l'affichage dans chaque bureau de vote de la liste électorale correspondante ;
- la commission consulaire électorale reçoit de l'autorité administrative locale compétente la liste électorale consulaire qu'elle affiche à son siège. Elle procède

ensuite à l'affichage dans chaque bureau de vote de la liste électorale correspondante. (Loi n°10/98 du 10 juillet 1998).

Article 19 : La commission provinciale électorale est composée d'un bureau comprenant :
- un Président ;
- deux vice-présidents :
- un rapporteur général :
- un rapporteur général adjoint ;
- deux rapporteurs.

Le Président est un magistrat choisi par la commission nationale électorale. Les deux vice-présidents sont choisis à raison de un par les partis ou groupements de partis politiques légalement reconnus de la majorité, un par les partis ou groupements de partis politiques légalement reconnus de l'opposition.

Le rapporteur général est le Secrétaire général de province. Le rapporteur général adjoint est le Trésorier provincial.

Les deux rapporteurs sont choisis à raison de un par les partis ou groupements de partis politiques légalement reconnus de la majorité, un par les partis ou groupements de partis politiques légalement reconnus de l'opposition. (Loi n°10/98 du 10 juillet 1998).

Article 20 : La commission départementale électorale est composée d'un bureau comprenant :
- un Président ;
- deux vice-présidents ;
- un rapporteur général ;
- un rapporteur général adjoint ;
- deux vice-présidents ;
- deux rapporteurs.

Le Président est un magistrat choisi par la commission nationale électorale (Loi n° 10/98 du 10 juillet 1998).

Les deux vice-présidents sont choisis à raison de un par les partis ou groupements de partis politiques légalement reconnus de la majorité, un par les partis ou groupements de partis politiques légalement reconnus de l'opposition.

Le rapporteur général est le Secrétaire général de préfecture.

Le rapporteur général adjoint est le Trésorier départemental.

Les deux rapporteurs sont choisis à raison de un par les partis ou groupements de partis politiques de la majorité, un par les partis ou groupements politiques de l'opposition.

Article 21 : (Loi n°10/98 du 10 juillet 1998). La commission communale électorale est composée d'un bureau comprenant :
- un Président :
- deux vice-présidents :
- un rapporteur général :
- un rapporteur général adjoint :
- deux rapporteurs.

Le Président est un magistrat choisi par la commission nationale électorale.

Les deux vice-présidents sont choisis à raison de un par les partis ou groupements de partis politiques légalement reconnus de la majorité, un par les partis ou groupements de partis politiques légalement reconnus de l'opposition.

Le rapporteur général est le Secrétaire général de la mairie.

Le rapporteur général adjoint est le Receveur municipal ou son représentant.

Les deux rapporteurs sont choisis à raison de un par les partis ou groupements de partis politiques légalement reconnus de la majorité, un par les partis ou groupements de partis politiques légalement reconnus de l'opposition.

Article 22 : (Loi n°10/98 du 10 juillet 1998). La commission consulaire électorale est composée d'un bureau comprenant :
- un Président ;
- deux vice-présidents ;
- un rapporteur général ;
- un rapporteur général adjoint ;
- deux rapporteurs.

En raison de la spécificité des missions diplomatiques et consulaires, les membres du bureau des commissions consulaires électorales sont désignés par la commission nationale électorale parmi les personnalités reconnues pour leur compétence.

Article 23 : (Loi n°10/98 du 10 juillet 1998). La composition de chaque commission électorale locale est complétée suivant les dispositions des articles 13, 14 et 14 a) ci-dessus.

Article 24 : Les dispositions des articles 13 à 15 de la présente loi sont applicables aux commissions électorales locales.

CHAPITRE TROISIEME : DES CONDITIONS REQUISES POUR ETRE ELECTEUR

Article 25 : Sont électeurs les citoyens gabonais des deux sexes, âgés de dix huit ans révolus, jouissant de leurs droits civils et politiques, et régulièrement inscrits sur la liste électorale.

Article 26 : Sont frappés d'incapacité électorale et ne peuvent être inscrits sur la liste électorale :

1°) les individus condamnés pour crime ;

2°) ceux condamnés pour vol, escroquerie, abus de confiance, soustraction ou détournement de deniers publics, faux et usage de faux, corruption, trafic d'influence, banqueroute, attentat aux mœurs, à une peine d'emprisonnement ferme de trois mois au moins ou d'emprisonnement avec sursis de six mois ;

3°) les individus condamnés à plus de six mois d'emprisonnement ferme pour un délit autre que ceux énumérés au paragraphe précédent ;

4°) ceux qui sont en état de contumace ;

5°) les faillis non réhabilités dont la faillite a été déclarée soit par les tribunaux gabonais, soit par un jugement rendu à l'étranger mais exécutoire au Gabon ;

6°) les personnes non réhabilitées après avoir été frappées de déchéance des droits professionnels en application de la législation sur le règlement judiciaire et l'application des biens ;

7°) les interdits ou mineurs en tutelle et les majeurs en curatelle.

Article 27 : Sont frappés d'incapacité électorale temporaire et ne peuvent être inscrits sur la liste électorale pendant un délai de cinq ans à compter de la date à laquelle la condamnation est devenue définitive, les condamnés pour un délit autre que ceux visés au deuxième paragraphe de l'article 26 ci-dessus, à une peine d'emprisonnement ferme de moins de trois mois ou à une peine d'emprisonnement avec sursis de moins de six mois.

Article 28 : Sont en outre frappés d'une incapacité électorale temporaire et ne peuvent être inscrits sur la liste électorale, pendant un délai fixé par le jugement, ceux auxquels les tribunaux ont interdit le droit de vote et d'élection par application des lois qui prévoient cette interdiction.

Article 29 : Ne constituent pas des cas d'incapacité électorale et n'empêchent pas l'inscription sur la liste électorale, les condamnations pour délit d'imprudence nonobstant les dispositions des articles 26 et 27 ci-dessus, hors le cas de délit de fuite, de conduite en état d'ivresse ou de défaut d'assurance concomitants.

CHAPITRE QUATRIEME : DES ELIGIBILITES, INELIGIBILITES ET INCOMPATIBILITES

Article 30 : Sont éligibles tous les électeurs sous réserve des dispositions constitutionnelles et des conditions spécialement prévues par la loi pour chaque catégorie d'élection.

Article 31 : Sont frappés d'une inéligibilité de dix ans, les auteurs et les complices reconnus coupables d'actes de vandalisme et de violences électorales.

Article 32 : Les fonctions ou emplois incompatibles avec un mandat électif sont déterminés pour chaque catégorie d'élection par la présente loi, les lois organiques relatives à l'élection du Président de la République, des Députés et des Sénateurs qui définissent en outre les conséquences desdites incompatibilités sur les actes de candidature et sur les conditions d'exercice du mandat.

CHAPITRE CINQUIEME : DE LA DETERMINATION DES ELUS

Article 33 : Les règles de détermination des élus sont fixées par la loi pour chaque catégorie d'élection.

TITRE II : DES CIRCONSCRIPTIONS ELECTORALES

Article 34 : En vue de l'exercice du droit de vote, pour les élections législatives, sénatoriales et locales, le territoire est divisé en circonscriptions électorales qui sont la commune et le département. (Loi n° 10/98 du 10 juillet 1998).

Le nombre de sièges à pourvoir dans chaque circonscription pour chaque élection est fixé par la loi selon les critères démographique et territorial.

Pour l'élection Présidentielle ou le référendum, la circonscription électorale est le territoire national auquel s'ajoutent les missions et représentations diplomatiques et consulaires (Loi n° 10/98 du 10 juillet 1998).

Article 35 : Les circonscriptions visées à l'alinéa premier de l'article 34 ci-dessus peuvent être découpées en sections électorales correspondant, dans la commune, à chaque arrondissement ou groupe d'arrondissements, quartier ou groupe de quartiers et, dans le département à chaque commune ou groupement de communes et à chaque canton ou groupement de cantons.

Le découpage des circonscriptions en sections et la répartition des sièges par sections électorales sont déterminés par une loi.

Avis du tableau de découpage et de répartition des sièges doit être communiqué au public par affichage à la préfecture et aux mairies trois mois avant la date des élections.

Chaque circonscription ou section électorale comprend un ou plusieurs bureaux de vote dont le nombre et implantation sont fixés par les commissions électorales locales, conformément aux articles 10 et 75 de la présente loi, à raison d'un bureau pour cinq cents électeurs au plus (Loi n°10/98 du 10 juillet 1998).

Le nombre et l'implantation de ces bureaux de vote sont communiqués à la commission nationale électorale par les commissions provinciales et consulaires électorales deux mois avant le scrutin et portés à la connaissance du public au plus tard quinze jours avant le scrutin (Loi n° 10/98 du 10 juillet 1998).

Article 36 : Il est interdit, à peine de nullité, d'organiser des élections en dehors des circonscriptions ou des sections électorales définies par le présent titre.

TITRE III : DES LISTES ELECTORALES

CHAPITRE PREMIER : DE L'ETABLISSEMENT DES LISTES ÉLECTORALES

Article 37 : Chaque électeur s'inscrit dans une seule circonscription électorale. Les listes électorales sont permanentes. Elles sont établies par les autorités administratives et font l'objet dune révision annuelle du 1er janvier au 31 mars.

A cet effet, des commissions de révision sont mises en place par le Gouverneur et dans les missions diplomatiques par le Chef de mission diplomatique. Elles fonctionnent suivant les modalités fixées par voie réglementaire.

La révision des listes prend en compte les nouvelles inscriptions, les décès et les changements dé résidence. (Loi n°10/98 du 10 juillet 1998).

Article 38 : Pendant la période de révision prévue à l'article 37 ci-dessus, les listes électorales ainsi que les tableaux des additions et des retranchements sont affichés au siège de la circonscription électorale où ils peuvent être consultés.

Durant la même période, tout citoyen ayant été omis sur la liste peut réclamer son inscription. Tout citoyen ayant changé de résidence peut obtenir un changement d'inscription sous réserve de la présentation d'un certificat de radiation de la liste du domicile électoral antérieur.

Les électeurs décédés sont rayés de la liste électorale aussitôt que l'acte de décès a été dressé. Tout électeur a le droit d'exiger cette radiation. (Loi n°10/98 du 10 juillet 1998).

Article 39 : Toutes les réclamations sont inscrites par ordre chronologique sur un registre spécial. Il en est donné récépissé. (Loi n°10/98 du 10 juillet 1998).

L'électeur dont l'inscription est contestée en est avisé par l'autorité administrative. Il dispose d'un délai de dix jours francs à compter de la réception de l'avis pour présenter ou faire présenter ses observations.

L'autorité administrative concernée statue sur les réclamations qui lui sont présentées dans un délai de dix jours à compter de sa saisine.

La décision est notifiée par l'autorité administrative à l'intéressé dans un délai de dix jours.

Article 40 : L'électeur qui s'estime lésé par la décision de l'autorité administrative peut exercer un recours devant le tribunal administratif compétent, conformément aux dispositions des articles 115 à 118 de la présente loi.

Le tribunal administratif de Libreville connaît des recours des personnes résidant à l'étranger. (Loi n°10/98 du 10 juillet1998).

Article 41 : Sont inscrites ou radiées, les personnes dont l'inscription ou la radiation aura été ordonnée par l'autorité administrative ou par la juridiction compétente, selon le cas.

Les inscriptions ou radiations sont motivées et portées sur une liste additive unique mise à la disposition des électeurs qui peuvent la consulter à tout moment au siège de la circonscription. (Loi n°10/98 du 10 juillet 1998).

Article 42 : Les listes électorales sont établies en sept exemplaires. Deux exemplaires sont conservés au siège de la circonscription électorale. Les autres sont transmis respectivement :

- au Gouverneur ;
- au Ministre chargé de l'Intérieur ;
- au Ministre chargé de la Justice ;
- au Ministre chargé de la Planification ;
- au Chef de la mission diplomatique ou consulaire. (Loi n°10/98 du 10 juillet 1998).

Article 43 : Dès leur mise en place, les commissions électorales locales sont destinataires des listes électorales qu'elles affichent à leur siège et dans chaque bureau de vote. (Loi n°10/98 du 10 juillet 1998).

Article 44 : Après la clôture de la liste, et en tout cas soixante jours au plus tard avant le scrutin, sont inscrits ou radiés :

- les personnes dont l'inscription ou la radiation aura été ordonnée par la juridiction compétente ou celles auxquelles les juridictions auront interdit le droit de vote ou d'élection ;
- les agents des secteurs public ou parapublic ainsi que les employés des entreprises privées ayant fait l'objet d'une mutation ou d'une mise à la retraite, sur présentation de leur ordre de mutation ou du document attestant leur mise à la retraite et sur production d'un certificat de radiation de la liste électorale de leur précédente résidence. Cette dérogation s'étend aux membres de la famille des personnels concernés vivant avec eux à la date de leur mutation ou de leur mise à la retraite ;
- les personnes remplissant les conditions d'âge exigées pour être électeur, après la clôture des délais d'inscription, sur présentation d'un extrait d'acte de naissance ou d'un jugement supplétif en tenant lieu.

Les inscriptions ou radiations sont motivées et portées sur une liste additive unique mise à la disposition des électeurs qui peuvent la consulter à tout moment au siège de la commission de révision concernée. (Loi n°10198 du 10 juillet 1998).

Article 45 : Tout électeur peut obtenir immédiatement, sur sa demande, un certificat d'inscription ou de radiation d'une liste électorale.

Les tableaux de retranchement et les tableaux d'addition sont établis et transmis par les commissions de révision à l'autorité administrative compétente qui arrête la liste électorale définitive. (Loi n°10/98 du 10 juillet 1998).

Article 46 : Doivent figurer sur la liste électorale les noms, prénoms, domicile ou résidence, date et lieu de naissance des électeurs ainsi que leur profession et adresse. (Loi n°10/98 du 10 juillet 1998).

Article 47 : Les listes électorales sont closes trente jours avant le scrutin. (Loi n°10/98 du 10 juillet 1998).

CHAPITRE DEUXIÈME : DES CONDITIONS D'INSCRIPTION

Article 48 : Doivent être inscrits sur la liste d'une circonscription électorale ou les citoyens gabonais des deux sexes, âgés de dix-huit ans révolus et jouissant de leurs droits civils et politiques, résidant depuis douze mois au moins dans la circonscription ou y possédant des intérêts économiques notoirement connus ou des liens familiaux régulièrement entretenus. (Loi n°10 du 10 juillet 1998).

Article 49 : Ne peuvent être inscrites sur la liste électorale les personnes frappées d'incapacité électorale conformément aux dispositions des articles 26, 27 et 28 de la présente loi, ni celles tombant sous le coup d'une interdiction prononcée par le juge. (Loi n°10/98 du 10 juillet 1998).

Article 50 : Nul ne peut être inscrit sur plusieurs listes électorales. En cas d'inscriptions multiples, l'électeur est invité, par la commission de révision de sa circonscription électorale qui a été saisie de l'anomalie, à opter pour une liste dans un délai de huit jours.

Faute par lui de s'exécuter, il est maintenu sur la liste électorale de sa dernière résidence et radié de toutes les autres. (Loi n° 10/98 du 10 juillet 1998).

Article 51 : Les Gabonais résidant à l'étranger demeurent inscrits sur la liste électorale de leur dernière résidence au Gabon, sous réserve des dispositions relatives à l'élection Présidentielle et au référendum. (Loi n° 10/98 du 10 juillet 1998).

TITRE IV : DE LA CARTE D'ÉLECTEUR

Article 52 : L'inscription sur la liste électorale donne lieu à la délivrance d'une carte d'électeur valable pour toutes les élections politiques, telles que définies au deuxième alinéa de l'article 3 de la présente loi ainsi que pour le référendum. (Loi n°10/98 du 10 juillet 1998).

Article 53 : La carte d'électeur est personnelle. Elle est remise au titulaire par l'administration.

Elle comporte des mentions obligatoires arrêtées et fixées par décret pris en Conseil des Ministres sur proposition du Ministre chargé de l'Intérieur. (Loi n°10/98 du 10 juillet 1998).

Article 54 : L'accès au bureau de vote est conditionné par la présentation d'une carte d'électeur et de l'une des pièces d'identité suivantes :
- carte nationale d'identité ;
- passeport ;
- permis de conduire.

A défaut de ces pièces et après vérification par le bureau de vote, l'accès aux urnes peut être autorisé en milieu rural sur présentation de la carte d'électeur et d'une pièce d'état civil. (Loi n°10/98 du 10 juillet 1998).

Article 55 : La carte d'électeur ne peut être renouvelée, sur demande de son titulaire, qu'en cas de détérioration, de perte ou d'utilisation totale.

Dès la publication du décret portant convocation du collège électoral, l'administration informe les citoyens par affiches publiques à l'intention des électeurs inscrits sur la liste électorale qui ont perdu, détérioré ou épuisé leur carte, d'en obtenir une nouvelle. (Loi n°10/98 du 10 juillet 1998).

Article 56 : L'administration peut prescrire, en cas de nécessité, le renouvellement général ou partiel des cartes d'électeurs. Dans ce cas, la distribution des cartes doit être achevée, si un scrutin est prévu, quinze jours avant celui-ci. (Loi n°10/98 du 10 juillet 1998).

TITRE V : DE LA DECLARATION DE CANDIDATURE

Article 57 : Sous réserve des dispositions de la loi relative à l'élection des membres des conseils municipaux et des conseils départementaux, tout candidat à un mandat électif doit faire une déclaration de candidature légalisée et comportant :

- ses noms et prénoms, date et lieu de naissance, profession et domicile ;
- sa photo d'identité et le signe distinctif choisi pour l'impression des affiches électorales, circulaires ou bulletins de vote, signe qui doit être différent pour chaque candidat ou dans le cas prévu aux articles 61 et 62 suivants pour chaque liste de candidats ;
- le parti ou groupement de partis politiques dont il se réclame, sauf s'il est candidat indépendant ;
- l'indication de la circonscription ou de la section électorale dans laquelle se présente le candidat ou la liste de candidats assortie de pièces précisées par un texte réglementaire. (Loi n°10/98 du 10 juillet 1998).

Article 58 : En cas de scrutin de liste, les candidats font une déclaration collective comportant, dans l'ordre de présentation, toutes les mentions prévues à l'article 57 ci-dessus. La liste doit comporter un nombre de candidats égal au nombre de sièges attribués à la circonscription ou à la section électorale concernée. (Loi n°10/98 du 10 juillet 1998).

Article 59 : Sous réserve des dispositions de la loi relative aux conditions d'éligibilité du Président de la République, la déclaration de candidature doit être déposée pour enregistrement, affichage et diffusion au siège de la commission compétente trente jours avant le scrutin, aux dates et heures fixées par décret. (Loi N 10/98 du 10 juillet 1998).

Article 60 : Le dépôt de candidature est fait par le candidat s'il se présente isolément ou, dans le cas prévu à l'article 58 ci-dessus, par un mandataire du parti muni d'une procuration régulière. Il en est délivré récépissé.

La déclaration de candidature est déposée en trois exemplaires dont deux sont adressés par la commission locale qui l'a reçue respectivement :

- à la commission provinciale électorale ;
- à la commission nationale électorale.

Dans le cas du scrutin de liste, aucun candidat n'est admis à se retirer après le dépôt de la déclaration de candidature. (Loi n°10/98 du 10 juillet 1998).

Article 61 : Les partis ou groupements de partis politiques peuvent présenter une liste commune de candidats. Dans ce cas, la liste commune doit porter en en-tête la désignation des partis ou groupements représentés et mentionner pour chaque candidat son appartenance politique personnelle. (Loi n°10198 du 10 juillet 1998).

Le dépôt de candidature est fait par le mandataire des partis ou groupements de partis politiques concernés, muni d'une procuration régulière. Il en est délivré récépissé.

Article 62 : Les partis ou groupements de partis politiques légalement reconnus sont admis à déposer une liste de candidature et une seule.

Les candidats indépendants peuvent également présenter une liste de candidats. Chaque liste doit comporter un nombre de candidats égal au nombre de sièges attribués à la circonscription ou à la section électorale concernée. (Loi n°10/98 du 10 juillet 1998).

Article 63 : En cas de décès de l'un des candidats au cours de la campagne électorale, ses colistiers doivent le remplacer immédiatement par un nouveau candidat qui fera l'objet d'une déclaration complémentaire.

Si les délais sont trop courts pour permettre la réimpression des bulletins de vote et leur répartition, les bulletins déjà imprimés restent valables sans modification à condition que les électeurs en soient informés par un avis affiché à l'entrée de chaque salle de vote et à l'intérieur de chaque isoloir.

Ces dispositions s'appliquent également dans le cas du candidat qui enfreint les dispositions de l'article 64 ci-dessous. (Loi n°10/98 du 10 juillet 1998).

Article 64 : Nul ne peut être pour un même scrutin candidat sur plusieurs listes ni dans plusieurs circonscriptions électorales. (Loi n°10/98 du 10 juillet 1998).

Article 65 : L'inobservation des dispositions du présent titre entraîne d'office le rejet de la candidature par la commission locale qui l'a reçue sans préjudice, le cas échéant, de l'application des sanctions prévues au titre X de la présente loi. (Loi n°10/98 du 10 juillet 1998).

Article 66 : Tout électeur concerné qui s'estime fondé peut contester une ou plusieurs candidatures devant la commission compétente avant quelles ne soient rendues publiques dans les conditions fixées par la loi.

Une fois rendues publiques, les candidatures ne peuvent faire l'objet d'un recours que de la part d'un candidat devant la juridiction administrative compétente saisie dans les quarante-huit heures de cette publication. Le tribunal administratif ou la Cour constitutionnelle, selon le cas, statue dans les huit jours de sa saisine.

Le bien-fondé de la contestation entraine le rejet de la candidature.

En cas d'inexactitude des faits dénoncés, l'électeur s'expose, le cas échéant, aux sanctions pénales prévues au titre X de la présente loi. (Loi n°10/98 du 10 juillet 1998).

Article 67 : Il est institué pour chaque catégorie d'élection un cautionnement électoral dont les montants sont fixés comme suit :

- cinq millions de francs CFA pour l'élection du Président de la République ;
- trois cent cinquante mille francs CFA pour l'élection des Députés ;
- trois cent cinquante mille francs CFA pour l'élection des Sénateurs ;
- deux cent cinquante mille francs CFA par liste pour l'élection des membres des conseils municipaux ;
- deux cent cinquante mille francs CFA par liste pour l'élection des membres des conseils départementaux.

Le cautionnement est remboursé à hauteur de :

- 100% aux candidats ou aux listes des candidats élus à un scrutin majoritaire ou à la liste de candidatures ayant obtenu au moins 50% d'élus à un scrutin à la proportionnelle ;
- 50% aux candidats ou listes ayant obtenu au moins 10% des suffrages exprimés.

Sont définitivement acquis au trésor public les cautionnements des candidats ou des listes n'ayant pas obtenu 10% des suffrages et ceux non réclamés dans le délai d'un an à compter de la date de notification de l'avis de paiement émis par le trésor (Loi n°10/98 du 10 juillet 1998).

TITRE VI : DES BULLETINS DE VOTE

Article 68 : Les modalités relatives aux bulletins de vote arrêtées par la commission nationale électorale font l'objet d'un décret pris en Conseil des Ministres, sur proposition du Ministre chargé de l'Intérieur (Loi n°10/98 du 10 juillet 1998).

TITRE VII : DE LA PROPAGANDE ÉLECTORALE

Article 69 : La commission nationale électorale arrête la date d'ouverture de la campagne électorale; elle est ouverte par décret pris en Conseil des Ministres, sur proposition du Ministre chargé de l'Intérieur, le quatorzième jour qui précède le scrutin. Elle est close à la veille du scrutin à minuit.

Toutefois, la durée de la campagne électorale peut être portée à un mois. En cas de ballottage, la campagne électorale est à nouveau ouverte dès la proclamation des résultats du premier tour par la Cour constitutionnelle. Elle est close la veille du scrutin à minuit.

Toute propagande électorale se fait par affiches, distribution de circulaires, réunions et voie de presse sans préjudice des dispositions de la loi n°14/91 du 24 mars 1992 portant organisation et fonctionnement du Conseil national de la communication. (Loi n°10/98 du 10 juillet 1998).

Article 70 : Des emplacements sont attribués par la commission électorale compétente:
- dans l'ordre d'arrivée des demandes locales en nombre égal pour chaque candidat ou liste de candidats selon le cas ;
- dans l'ordre d'arrivée des demandes qui doivent être formulées au plus tard le huitième jour avant celui du scrutin. (Loi n°10/98 du 10 juillet 1998).

Article 71 : Dans le cadre d'un scrutin uninominal, les affiches et circulaires doivent comporter la photographie du candidat, le nom et le signe du parti ou groupement de partis politiques légalement reconnus dont se réclame(nt) le ou les candidats ou, en cas de candidature indépendante, le signe distinctif et la photographie du candidat. (Loi n°10/98 du 10 juillet 1998).

Article 72 : La propagande électorale est libre sous réserve du respect de l'ordre public et de l'observation des prescriptions législatives et réglementaires sur les réunions publiques.

Toute réunion électorale publique est soumise à l'obligation d'une déclaration préalable auprès de l'autorité de la circonscription administrative dans le ressort de laquelle se trouve le lieu où elle doit se tenir.

La déclaration est effectuée au moins six heures avant la tenue effective de la réunion.

Toute réunion électorale régulièrement déclarée ne peut être interdite. (Loi n°10/98 du 10 juillet 1998).

TITRE VIII : DU VOTE

CHAPITRE PREMIER : DU COLLÈGE ÉLECTORAL

Article 73 : Les opérations électorales ont lieu un dimanche. Toutefois, si celui-ci coïncide avec une fête légale, le vote peut avoir lieu le lendemain, déclaré pour la

circonstance jour férié et chômé par arrêté conjoint du Ministre chargé de l'Intérieur et du Ministre chargé du Travail.
En cas de ballottage, un deuxième tour a lieu le deuxième dimanche qui suit le jour des élections. (Loi n°10/98 du 10 juillet 1998).

Article 74 : La commission nationale électorale arrête la date de convocation des électeurs; celle-ci est fixée par décret pris en Conseil des Ministres sur proposition du Ministre charge de l'Intérieur. La publication au Journal officiel ou dans un journal d'annonces légales du décret de convocation doit être effectuée au minimum trente et un jours avant le jour du scrutin.

Toutefois, en cas de force majeur dûment constaté par la juridiction compétente, le Gouvernement, sur proposition de la commission nationale électorale, peut décider du report du scrutin.

Les collèges électoraux ne peuvent s'occuper que de l'élection pour laquelle ils sont convoqués.

Toutes discussions, toutes délibérations sur les lieux du scrutin sont interdites (Loi n° 10/98 du 10 juillet 1998).

CHAPITRE DEUXIÈME : DES BUREAUX DE VOTE

Article 75 : Le vote a lieu dans les bureaux déterminés à cet effet par les commissions électorales locales, au plus tard quinze jours avant le premier tour du scrutin.

Les bureaux de vote doivent être installés de préférence dans les établissements publics ou d'utilité publique tels que les établissements d'enseignement, à l'exclusion de la Présidence de la République, des ministères, des mairies, des casernes ainsi que des établissements sanitaires et des palais de justice. En cas d'élection du Président de la République ou de référendum, des bureaux de vote sont ouverts dans toutes les représentations diplomatiques et consulaires. (Loi n°10/98 du 10 juillet 1998).

Article 76 : La direction du scrutin est assurée par un bureau comprenant :
- un Président ;
- deux vice-présidents ;
- deux assesseurs. (Loi n°10/98 du 10 juillet 1998).

Le Président est choisi par la commission communale électorale ou par la commission départementale électorale, selon le cas.

Les deux vice-présidents et les deux assesseurs sont désignés à parité par les partis ou groupements de partis politiques légalement reconnus de la majorité et les partis ou groupements de partis politiques légalement reconnus de l'opposition.

Le bureau délibère à égalité de voix.

Le bureau désigne à la majorité des voix un secrétaire qui a voix consultative.

En cas de pluralité de listes ou de candidats, chacune d'elles ou chacun d'eux est représenté dans la salle de vote par un électeur muni d'un mandat écrit. Ces représentants, dont l'identité doit être relevée avant l'ouverture du scrutin, ne sont pas membres du bureau de vote, Ils ont le statut d'observateurs. Leurs observations sont consignées dans le procès-verbal. (Loi n°10/98 du 10 juillet 1998).

Article 77 : L'urne électorale transparente numérotée n'ayant qu'une ouverture destinée à laisser passer l'enveloppe contenant le bulletin de vote doit, avant le commencement du scrutin, être vide de toute enveloppe et présentée ouverte par le Président du bureau de vote aux autres membres du bureau et aux représentants des candidats ou des listes.

Elle est ensuite refermée à deux serrures dont les clés restent, l'une, entre les mains du Président du bureau, l'autre, entre les mains de l'assesseur le plus âgé.

L'urne électorale est placée en évidence devant les membres du bureau de vote. À côté de l'urne, sont mis à la disposition des électeurs, la présente loi, les textes particuliers relatifs au vote, l'encreur ainsi que la liste électorale du bureau de vote.

Une liste d'émargement donnant les noms et prénoms des électeurs et le numéro de leurs cartes électorales, le tout conforme à la liste électorale du bureau de vote, est mise à la disposition d'un assesseur.

Chaque électeur est tenu de signer la liste d'émargement, de marquer un de ses doigts à l'encre indélébile et d'y apposer son empreinte digitale. (Loi n° 10/98 du 10 juillet 1998).

Article 78 : Dans chaque bureau de vote, il y a obligatoirement un ou plusieurs isoloirs. L'isoloir doit être placé de façon à ne pas dissimuler au public les opérations de vote. (Loi n°10/98 du 10 juillet 1998).

Article 79 : Le vote a lieu sous enveloppe non transparente.

Le jour du vote, les enveloppes sont mises à la disposition des électeurs dans la salle du scrutin.

Avant l'ouverture du scrutin, le bureau doit s'assurer que le nombre de bulletins et d'enveloppes pour chaque candidat ou liste de candidats est égal ou supérieur à celui des électeurs inscrits. (Loi n°10/98 du 10 juillet 1998).

En cas de rupture de stock de bulletins pour un candidat ou une liste, les opérations de vote en cours sont immédiatement suspendues. La reprise est effective dès la reconstitution des stocks et mention doit en être portée au procès- verbal.

Le nombre de bulletins doit être le même pour tous les candidats. (Loi n°10/98 du 10 juillet 1998).

Article 80 : Il est interdit, sous peine d'expulsion après un premier avertissement, à toute personne présente dans la salle de vote, d'influencer le choix des électeurs par signes ou de toute autre manière. (Loi n°10/98 du 10 juillet 1998).

Article 81 : Après les opérations de vote, le dépouillement du scrutin est effectué par les scrutateurs dans les conditions fixées aux articles 104 et suivants de la présente loi. (Loi n°10/98 du 10 juillet 1998).

CHAPITRE TROISIÈME : DE L'ORGANISATION DES OPÉRATIONS ÉLECTORALES

Article 82 : Le scrutin est ouvert à 7 heures et clos à 18 heures par une déclaration publique du Président du bureau.

L'heure de la clôture ne peut être en aucun cas avancée; elle peut être retardée par délibération du bureau, notamment en cas de troubles ayant motivé la suspension des opérations électorales, d'une durée égale à celle de la suspension.

Le Président du bureau de vote constate publiquement et mentionne au procès-verbal les heures d'ouverture et de clôture du scrutin. (Loi n°10/98 du 10 juillet 1998).

Article 83 : Le scrutin ne dure qu'un seul jour. (Loi n°10/98 du 10 juillet 1998).

Article 84 : Le Président du bureau de vote est seul responsable de la police dans la salle de vote et ses abords immédiats.

Il tranche les conflits, prend toute mesure préventive des désordres et peut, notamment dans ce but, canaliser l'entrée des électeurs dans la salle de vote, par petits groupes.

Il peut expulser de la salle de vote toute personne qui trouble ou tente de troubler par son comportement la sécurité ou la sincérité du vote.

En cas d'incidents graves, il peut faire évacuer la salle et requérir, si besoin est, les forces du maintien de l'ordre. (Loi n°10/98 du 10 juillet 1998).

Article 85 : Pour des raisons de sécurité, la présence des forces de l'ordre est autorisée aux abords des bureaux de vote, quelque soit le type d'élection.

Les autorités civiles et militaires sont tenues de déférer à toute réquisition du Président du bureau de vote. (Loi n°10/98 du 10 juillet 1998).

En aucun cas la réquisition des forces de l'ordre ne peut avoir pour effet d'entraver ou d'empêcher les représentants des candidats aux bureaux de vote de contrôler les opérations électorales ou d'exercer les prérogatives qui leur sont reconnues par la loi. (Loi n° 10/98 du 10 juillet 1998).

Article 86 : Le Président du bureau de vote doit faire procéder, sur-le-champ, au remplacement de tout vice-président, assesseur ou scrutateur qui serait expulsé du bureau de vote; il en est de même en cas de défaillance. Le remplaçant sera pris parmi les représentants du même parti ou du même groupement de partis politiques légalement reconnus selon le cas.

Si le Président du bureau de vote se trouve lui-même pour une cause quelconque dans l'impossibilité de poursuivre ses fonctions, il est remplacé par le vice-président le plus âgé et, à défaut des vice-présidents, par l'assesseur le plus âgé. (Loi n°10/98 du 10 juillet 1998).

Article 87 : Trois membres du bureau au moins doivent être présents en permanence pendant tout le cours des opérations de vote. (Loi n° 10/98 du 10 juillet 1998).

Article 88 : Le bureau de vote se prononce sur toute difficulté touchant les opérations de vote. Ses les décisions sont motivées; elles sont obligatoirement relatées au procès-verbal des élections. Les pièces ou bulletins qui s'y rapportent y sont annexés après avoir été paraphés par les membres du bureau. (Loi n°10/98 du 10 juillet 1998).

Article 89 : Le procès-verbal des opérations électorales et la liste d'émargement de vote sont signés par tous les membres du bureau; le Président signe en dernier lieu. (Loi n°10/98 du 10 juillet 1998).

Article 90 : Tout représentant d'un candidat dûment mandaté a le droit de suivre les diverses opérations de vote. Tout représentant d'un candidat dûment mandaté a le droit de suivre les opérations de dépouillement de bulletins et de décompte des voix. Toutes les observations formulées par lui doivent être consignées au procès-verbal.

Le Président du bureau de vote est tenu, sous peine de s'exposer aux sanctions prévues à l'article 150 de la présente loi, de faire consigner toutes les observations qui lui sont adressées en vertu des dispositions de l'alinéa premier ci-dessus.

Seules les observations ainsi enregistrées sont prises en considération à l'appui d'une requête ultérieure introductive d'un contentieux électoral. (Loi n°10/98 du 10 juillet 1998).

Article 91 : La présence d'un candidat à une élection aux abords immédiats des bureaux de vote de sa circonscription électorale n'est autorisée que lors de l'exercice de son droit de vote. (Loi n°10/98 du 10 juillet 1998).

CHAPITRE QUATRIÈME : DE L'EXERCICE DU DROIT DE VOTE PAR L'ÉLECTEUR PRÉSENT AU BUREAU DE VOTE

Article 92 : Peut voter dans un bureau de vote toute personne inscrite sur la liste électorale du bureau et porteuse d'une carte d'électeur et de l'une des pièces prévues à l'article 54 de la présente loi.

En cas de perte de la carte d'électeur, l'électeur inscrit n'est admis à voter qu'après vérification de son inscription.

Mention de cette perte figure au procès-verbal des opérations électorales. (Loi n°10/98 du 10 juillet 1998).

Article 93 : Ne peuvent voter ceux qui, frappés de déchéance, n'ont pas encore été radiés de la liste électorale. (Loi n°10/98 du 10 juillet 1998).

Article 94 : Le choix de l'électeur est libre.

Nul ne peut être influencé dans son vote par la contrainte. (Loi n°10/98 du 10 juillet 1998).

Article 95 : Le vote doit s'accomplir dans la sérénité. L'entrée des électeurs dans la salle de vote avec une arme est interdite.

Le vote est unique: l'électeur ne peut disposer que d'une seule enveloppe.

Le vote est secret. L'usage de l'isoloir est obligatoire; l'électeur s'y soustrait à la vue du public afin d'introduire dans l'enveloppe le bulletin de son choix.

Les bulletins non utilisés doivent être abandonnés dans les emplacements prévus à cet effet dans l'isoloir. (Loi n°10/98 du 10 juillet 1998).

Article 96 : Après avoir mis son bulletin dans enveloppe, l'électeur s'approche du Président du bureau, lui fait constater qu'il n'est porteur que d'une seule enveloppe et lui présente sa carte d'électeur. (Loi n°10/98 du 10 juillet 1998).

Article 97 : Le Président, tenant masquée l'ouverture de l'urne, appelle à haute voix l'électeur et passe la carte d'électeur au premier vice-président qui, après l'avoir vérifiée, la passe au premier assesseur.

Le Président démasque ensuite l'ouverture de l'urne, l'électeur y introduit seul son enveloppe et le Président dit à haute voix « a voté » ; le premier assesseur présente la liste d'émargement à l'électeur qui signe en face de son nom tandis que le deuxième assesseur appose le timbre à date dans la case appropriée de la carte d'électeur et procède au marquage de l'électeur avec l'encre indélébile.

Le deuxième vice-président surveille le déroulement général des opérations de vote. (Loi n°10/98 du 10 Juillet 1998).

Article 98 : Tout électeur atteint d'infirmité le mettant dans l'impossibilité d'introduire son bulletin dans l'enveloppe ou de glisser celle-ci dans l'urne est autorisé à se faire assister par un électeur de son choix (Loi n°10/98 du 10 juillet 1998).

CHAPITRE CINQUIÈME : DU VOTE PAR PROCURATION

Article 99 : Peuvent exercer, sur leur demande, leur droit de vote par procuration dans les conditions fixées ci-dessous :

1°) les électeurs que des obligations dûment constatées retiennent éloignés de la circonscription sur la liste électorale de laquelle ils sont inscrits ;
2°) les malades, femmes en couches, infirmes ou incurables qui, en raison de leur état de santé ou de leur condition physique, sont dans l'impossibilité de se déplacer le jour du scrutin ;
3°) les personnes placées en détention provisoire et les détenus purgeant une peine n'entrainant pas une incapacité électorale ;
4°) et, d'une manière générale, tout citoyen qui établit que des raisons professionnelles ou familiales le placent dans l'impossibilité d'être présent le jour du scrutin. (Loi n°10/98 du 10 juillet 1998).

Article 100 : Le mandataire doit jouir de ses droits électoraux et être inscrit sur la même liste électorale que le mandant.

Le mandataire ne peut disposer que d'un seul mandat. (Loi n°10/98 du 10 juillet 1998).

Article 101 : La procuration doit indiquer les noms, prénoms, date et lieu de naissance, domicile du mandant et du mandataire.

La procuration est faite en la forme déterminée, sur proposition de la commission nationale électorale, par arrêté du Ministre de l'Intérieur. (Loi n°10/98 du 10 juillet 1998).

Article 102 : Le mandataire participe au scrutin dans les conditions prévues à l'article 100 ci-dessus.

A son entrée dans la salle du scrutin et sur présentation de sa carte d'électeur et d'une pièce du mandant et de la procuration, il lui est remis une enveloppe électorale. Son vote est constaté par l'estampillage de la procuration; le mandataire appose sa signature sur la liste d'émargement en face du nom du mandant.

La procuration est annexée au procès-verbal des opérations électorales. (Loi n°10/98 du 10 juillet 1998).

CHAPITRE SIXIÈME : DES OPÉRATIONS POST-ÉLECTORALES

Article 103 : Le scrutin étant clos, le Président du bureau procède publiquement à l'ouverture de l'urne au lieu du vote, en présence des autres membres du bureau et des représentants des candidats.

Les enveloppes sont comptées ainsi que les émargements. Si les enveloppes comptées sont supérieures au nombre d'inscrits, mention doit en être portée au procès-verbal. (Loi n°10/98 du 10 juillet 1998).

Article 104 : Le dépouillement est public. Il est effectué sans interruption au lieu du vote par les membres du bureau en présence des représentants des candidats ou des listes.

L'un des vice-présidents ouvre l'enveloppe, l'autre lit le bulletin, les assesseurs inscrivent sur une feuille de dépouillement le décompte des voix exprimées. (Loi n°10/98 du 10 juillet 1998).

Article 105 : Seuls sont comptés les bulletins fournis par la commission nationale électorale.

Sont comptabilisés comme bulletins nuls :
- les bulletins blancs ;
- les bulletins sur lesquels le votant s'est fait connaître ;
- les bulletins trouvés sans enveloppe ou dans des enveloppes non réglementaires ;

- les bulletins ou enveloppes portant des mentions injurieuses pour les candidats ou pour les tiers ;
- les bulletins multiples et contradictoires placés dans une même enveloppe ;
- les bulletins sur lesquels le nom d'un ou de plusieurs candidats a été rayé ou ajouté. (Loi n°10/98 du 10 juillet 1998).

Article 106 : Plusieurs bulletins identiques placés dans une enveloppe ne comptent que pour une voix. (Loi n°10/98 du 10 juillet 1998).

Article 107 : Le nombre de votants, celui des suffrages valablement exprimés et celui des suffrages nuls sont comptés séparément.

Le nombre d'abstentions est égal à la différence entre le nombre d'inscrits et le nombre de votants. (Loi n°10/98 du 10 juillet 1998).

Article 108 : Immédiatement après la fin du dépouillement, le procès-verbal des opérations électorales est rédigé en sept exemplaires par le bureau et signé des assesseurs, des vice-présidents et du Président. Les bulletins déclarés nuls y sont annexés, ainsi que la liste d'émargement des votes, les feuilles de dépouillement du scrutin ou toutes pièces relatives aux incidents du scrutin.

Les autres bulletins sont incinérés publiquement.

Les résultats sont immédiatement annoncés au public par le Président du bureau.

Ces résultats indiquent également le pourcentage des voix obtenues par chaque candidat ou par chaque liste par rapport à l'ensemble des voix valablement exprimées. (Loi n° 10/98 du 10 juillet 1998).

Article 109 : Les listes d'émargement des bureaux de vote et les procès-verbaux sont tenus à la disposition de tout électeur qui peut les consulter sur place pendant un délai de huit jours à partir de la proclamation des résultats, aux sièges de la commission provinciale électorale, de la commission départementale électorale, de la commission communale électorale et de la commission nationale électorale, ainsi qu'au siège des missions et représentations diplomatiques et consulaires en ce qui concerne les élections Présidentielles et le référendum. (Loi n°10/98 du 10 juillet 1998).

CHAPITRE SEPTIÈME : DU RECENSEMENT DES RÈSULTATS ÉLECTORAUX

SECTION I : AU NIVEAU LOCAL

Article 110 : Dans chaque province, dans chaque département et dans chaque commune, les commissions électorales visées aux articles 7 et 17 ci-dessus sont chargées, chacune à son niveau, du recensement et de la centralisation des résultats obtenus.

Les résultats sont aussitôt annoncés au public par le maire, le préfet ou le gouverneur, selon le cas, en présence des membres de la commission électorale concernée. (Loi n°10/98 du 10 juillet 1998).

Article 111 : Les élections terminées et les résultats annoncés, chaque bureau de vote transmet à la commission communale électorale ou à la commission départementale électorale, selon le cas, le procès-verbal accompagné des pièces qui doivent y être annexées, le tout pour être adressé à la commission provinciale électorale.

Ledit procès-verbal est dressé en sept exemplaires dont l'un est conservé par la commission électorale concernée. (Loi n°10/98 du 10 juillet 1998).

Article 112 : La commission provinciale électorale dresse en sept exemplaires le procès-verbal de ses travaux et y joint les pièces annexées provenant des commissions électorales locales, le tout pour être transmis à la commission nationale électorale et à la Cour constitutionnelle ou à la Cour administrative, selon le cas.

La commission nationale électorale fixe les modalités de transmission des résultats et d'acheminement des procès-verbaux. (Loi n°10/98 du 10 juillet 1998).

SECTION II : AU NIVEAU CENTRAL

Article 113 : La commission nationale électorale procède au recensement général de tous les votes. Elle établit un procès-verbal de ses opérations en sept exemplaires.

Le Ministre chargé de l'Intérieur, sur invitation du Président de la commission nationale électorale, annonce aussitôt publiquement au siège de la commission nationale électorale les résultats obtenus pour l'ensemble du territoire.

Le Président de la commission nationale électorale transmet sans délai un exemplaire des procès-verbaux et les pièces y annexées, respectivement à la Cour constitutionnelle et au Conseil national de la démocratie. (Loi n°10/98 du 10 juillet 1998).

Article 114 : La Cour constitutionnelle proclame les résultats des élections sous réserve du contentieux électoral dont elle serait saisie.

Au vu de l'acte de proclamation, ces résultats sont publiés par voie de presse dans les meilleurs délais. (Loi n°10/98 du 10 juillet 1998).

TITRE IX : DU CONTENTIEUX ÉLECTORAL

CHAPITRE PREMIER : DU CONTENTIEUX DE L'INSCRIPTION SUR LES LISTES ÉLECTORALES

Article 115 : Tout auteur d'une réclamation concernant l'inscription sur les listes électorales qui s'estime lésé par la décision intervenue peut, conformément aux dispositions des articles 39 et 40 de la présente loi, exercer un recours devant le tribunal administratif dans le ressort duquel est située la circonscription électorale, dans un délai de dix jours à compter de la notification.

Le tribunal administratif compétent est saisi par simple requête développant les moyens invoqués à l'appui du recours, à laquelle sont jointes toutes les pièces justificatives dont le requérant entend se prévaloir (Loi n°10/98 du 10 juillet 1998).

Article 116 : Le Président du tribunal administratif saisi d'un recours notifie la requête aux parties intéressées dès réception et statue dans les quinze jours, après communication de la date de l'audience à toutes les parties au plus tard trois jours avant sa tenue. (Loi n°10/98 du 10 juillet 1998).

Article 117 : S'il se présente une question préjudicielle touchant à l'état des personnes, la juridiction administrative renvoie les parties à se pourvoir devant le tribunal compétent, à charge par celles-ci de justifier de leur diligence sous huitaine, faute de quoi il sera passé outre. (Loi n°10/98 du 10 juillet 1998).

Article 118 : Le tribunal administratif statue en premier et dernier ressort. Les règles de procédure applicables sont celles prévues par la présente loi et celles prévues par le code civil et le code de procédure civile.

Toutefois, le recours du contentieux électoral n'est pas soumis au recours administratif préalable. (Loi n°10/98 du 10 juillet 1998).

CHAPITRE DEUXIÈME : DU CONTENTIEUX DES ÉLECTIONS

Article 119 : Le contentieux des élections est régi par les règles de procédure applicables en la matière devant les tribunaux administratifs ou devant la Cour constitutionnelle selon le type d'élection politique. (Loi n°10/98 du 10 juillet 1998).

Article 120 : Tout électeur a le droit de demander l'annulation des opérations électorales de son bureau de vote.

Tout candidat, tout parti politique ou tout groupement de partis politiques qui a présenté une liste de candidatures, a le droit de demander l'annulation, soit par lui-même, soit par son représentant, des opérations électorales de la circonscription où il a posé sa candidature. (Loi n°10/98 du 10 juillet 1998).

Article 121 : La Cour constitutionnelle est seule compétente pour statuer sur les réclamations afférentes aux élections Présidentielles, législatives sénatoriales et référendaires. Elle juge en premier et dernier ressort.

Le tribunal administratif est seul compétent pour statuer sur les réclamations afférentes aux élections des membres des conseils départementaux et des conseils municipaux. (Loi n°10/98 du 10 juillet 1998).

Article 122 : La réclamation doit être déposée au greffe de la juridiction compétente concernée, sous peine d'irrecevabilité, au plus tard le quinzième jour suivant la publication des résultats annoncés par le Gouverneur pour les élections des collectivités locales, ou la proclamation des résultats par la Cour constitutionnelle en ce qui concerne les autres élections politiques.

Toutefois, en cas de force majeur dûment justifié par la commission électorale locale, la juridiction compétente saisie peut relever le requérant de la forclusion.

Il est donné récépissé du dépôt de la réclamation. (Loi n°10/98 du 10 juillet 1998).

Article 123 : La notification du recours est faite par le greffier de la juridiction compétente saisie, dans les dix jours qui suivent l'enregistrement de la requête, au candidat ou au représentant de la liste de candidats dont l'élection est contestée; celui-ci est informé en même temps qu'il dispose d'un délai de dix jours pour déposer ses moyens de défense au greffe de la juridiction compétente saisie et faire connaître s'il entend ou non présenter des observations orales.

Toutefois en cas de force majeur dûment constaté par la commission locale électorale, la juridiction compétente saisie peut relever le candidat ou le représentant de la liste de candidats de la forclusion.

Il est donné récépissé du dépôt de ses moyens de défense. (Loi n°10/98 du 10 Juillet 1998).

Article 124 : La juridiction compétente saisie rend sa décision dans le délai maximum d'un mois à compter de l'enregistrement du recours au greffe.

Les recours d'appel sont portés dans les quinze jours devant la Cour d'appel administrative qui statue, en dernier ressort, dans un délai d'un mois.

La décision est notifiée sous huitaine à la commission électorale compétente qui, en cas d'annulation, prend toutes dispositions pour la reprise des opérations électorales.

La Cour constitutionnelle proclame les résultats consécutifs aux décisions définitives des juridictions administratives. (Loi n°10/98 du 10 juillet 1998).

Article 125 : Si la juridiction compétente saisie rend une décision avant-dire-droit ordonnant une enquête ou la production d'une preuve, il doit être statué définitivement au fond dans le délai d'un mois à partir de cette décision. (Loi n°10/98 du 10 juillet1998).

Article 126 : Les candidats proclamés élus demeurent en fonction jusqu'à ce qu'il soit définitivement statué sur les réclamations. (Loi n°10/98 du 10 juillet 1998).

Article 127 : En cas d'annulation de tout ou partie des élections, le collège des électeurs est convoqué dans les deux mois qui suivent la date de la décision d'annulation. (Loi n°10/98 du 10 juillet 1998).

Article 128 : Constituent des causes d'annulation totale ou partielle des élections :
- la constatation de l'inéligibilité des candidats ;
- l'organisation des élections en dehors des circonscriptions, des sections électorales et des bureaux de vote définis par le présent titre ;
- l'existence d'une candidature multiple ;
- le défaut d'isoloir dans un bureau de vote, même hors de toute intention de fraude ;
- le déplacement de l'urne hors du bureau de vote avant ou pendant le dépouillement ;
- la constatation d'un nombre d'enveloppes supérieur au nombre d'émargements ;
- l'interruption des opérations de vote pour insuffisance de bulletins de vote. (Loi n°10/98 du 10 juillet 1998).

Article 129 : La fraude, le transfert d'électeurs d'une circonscription à une autre ou d'un bureau de vote à un autre, la corruption, l'empêchement et la séquestration entachant d'irrégularité l'élection, peuvent entraîner son annulation s'il est reconnu par la juridiction compétente qu'ils ont faussé le résultat du scrutin d'une manière déterminante pour l'élection des candidats.

Il en est de même de la participation à la propagande électorale, par des déclarations publiques écrites ou verbales, des autorités administratives.

Peuvent également entraîner l'annulation, la violence et les voies de fait constatées dans un bureau de vote et aux abords immédiats, le port d'insignes distinctifs, la distribution de sommes d'argent dans le bureau de vote ou en tout autre lieu ainsi que la diffamation le jour du scrutin. (Loi n°10/98 du 10 juillet 1998).

Article 130 : En cas d'inobservation des conditions et des formalités prescrites par les lois et règlements, la Cour constitutionnelle, la Cour administrative, le tribunal administratif, selon le cas, apprécie librement si le vice constaté est de nature à entrainer l'annulation des élections. (Loi n°10/98 du 10 juillet 1998).

Article 131 : Si les opérations électorales sont déclarées nulles par application de l'une des dispositions prévues aux articles 128 et 129 ci-dessus, l'annulation s'étend, selon le cas, à toute la section ou à toute la circonscription électorale concernée. (Loi n°10/98 du 10 juillet 1998).

Article 132 : Sous réserve des dispositions du présent titre, la procédure applicable au contentieux des élections est celle prévue par le code des juridictions administratives et celle suivie devant la Cour constitutionnelle. (Loi n°10/98 du 10 juillet 1998).

Article 133 : En matière électorale, il est jugé sans frais. Les actes juridictionnels sont visés pour timbre et enregistrés gratuitement.

Les extraits des actes de naissance ou des copies des jugements supplétifs d'actes de naissance nécessaires pour établir l'âge des électeurs sont délivrés gratuitement sur papier libre. (Loi n°10/98 du 10 juillet 1998).

Article 134 : En cas de réclamation contre une liste de candidats, la notification du recours et de tous les actes de procédure est valablement faite, soit au candidat figurant en tête de liste, soit au siège du parti ou du groupement de partis politiques qui a présenté la liste ou, en cas de liste commune au siège du parti politique qui vient en tête de liste. (Loi n°10/98 du 10 juillet 1998).

CHAPITRE TROISIÈME : DES DISPOSITIONS TRANSITOIRES

Article 135 : Dans l'attente du fonctionnement effectif du tribunal administratif normalement compétent, le tribunal de première instance de l'ordre judiciaire le supplée. (Loi n°10/98 du 10 juillet 1998).

Article 136 : Dans l'attente du fonctionnement effectif de la Cour d'appel administrative normalement compétente, la Cour administrative la supplée. (Loi n°10/98 du 10 juillet 1998).

TITRE X : DES DISPOSITIONS PÉNALES

CHAPITRE PREMIER : DES DÉLITS ÉLECTORAUX ANTERIEURS AUX OPÉRATIONS DE VOTE

Article 137 : Sans préjudice des dispositions des articles 98 et 104 du Code Pénal et des dispositions législatives et réglementaires sur les réunions publiques, sont poursuivis devant les juridictions répressives les délits électoraux commis antérieurement aux opérations de vote, tels que définis au présent chapitre (Loi n°10/98 du 10 juillet 1998).

Article 138 : Toute fraude dans la délivrance ou la production d'un certificat d'inscription ou de radiation est punie d'un emprisonnement d'un à douze mois et d'une amende de 50.000 à 500.000 francs CFA ou de l'une de ces deux peines seulement.

Si le coupable est fonctionnaire ou agent de l'administration, la peine est portée au double. (Loi n°10/98 du 10 juillet 1998).

Article 139 : Toute autorité administrative qui, d'une manière quelconque, a participé à la propagande électorale est punie d'une amende de 100.000 à 1.000.000 de francs CFA, sans préjudice des sanctions disciplinaires prévues par le statut général de la fonction publique, relatives aux manquements à l'obligation de réserve. (Loi n°10/98 du 10 juillet 1998).

Article 140 : Sont punies d'une amende de 300.000 à 1.000.000 de francs CFA :

1°) toute propagande électorale en dehors de la durée légale de la campagne électorale ;

2°) utilisation de panneaux d'affichage dans un but autre que la présentation et la défense d'une candidature et d'un programme ;

3°) la cession à un tiers par un candidat de son emplacement d'affichage ;

4°) la destruction d'affiches régulièrement apposées ;

5°) l'utilisation pendant la campagne, à des fins de propagande électorale, de tout procédé de publicité commerciale par voie de presse ou par tout moyen de communication audiovisuelle ;

6°) la diffusion après le délai limite de tout message ayant un caractère de propagande électorale. (Loi n°10/98 du 10 juillet 1998).

CHAPITRE DEUXIÈME : DES DÉLITS ÉLECTORAUX CONCOMITANTS AUX OPÉRATIONS DE VOTE

Article 141 : Sans préjudice des dispositions des articles 99, 100, 101 et 102 paragraphe premier du Code Pénal, sont poursuivis devant les juridictions répressives les délits électoraux concomitants aux opérations de vote, tels que définis au présent chapitre. (Loi n°10/98 du 10 juillet 1998).

Article 142 : Est puni d'une amende de 100.000 à 1.000.000 de francs CFA le fait de distribuer ou de faire distribuer, le jour du scrutin, des bulletins, circulaires et autres documents ayant un caractère de propagande électorale.

La confiscation des bulletins, circulaires et autres documents susmentionnés est opérée par les forces de sécurité. (Loi n°10/98 du 10 juillet 1998).

Article 143 : Est passible d'un emprisonnement de trois à vingt-quatre mois et puni d'une amende de 100.000 à 1.000.000 de francs CFA, quiconque, sur les lieux du scrutin ou dans leur proximité immédiate, exerce par quelque moyen que ce soit une pression sur un ou plusieurs électeurs en vue d'influencer leur vote, d'obtenir leur suffrage ou d'empêcher la manifestation de celui-ci. (Loi n°10/98 du 10 juillet 1998).

Article 144 : L'entrée dans le bureau de vote avec une arme apparente ou cachée est punie d'un emprisonnement de quinze jours à trois mois et d'une amende de 300.000 à 3.000.000 de francs CFA. Cette disposition est inapplicable aux membres des forces de l'ordre régulièrement requis. (Loi n°10/98 du 10 juillet 1998).

Article 145 : Les électeurs et les candidats qui, pendant le scrutin, se sont rendus coupables d'outrage ou de violence soit envers le bureau, soit envers un de ses membres, soit envers l'autre candidat ou qui, par voie de fait ou par menaces, ont retardé ou empêché les opérations électorales, sont punis d'un emprisonnement d'un mois à un an et d'une amende de 300.000 à 1.000.000 de francs CFA. (Loi n°10/98 du 10 juillet 1998).

Article 146 : Est punie d'un emprisonnement d'un à douze mois et passible d'une amende de 100.000 à 1.000.000 de francs CFA, toute personne qui a fait expulser sans motif légitime de la salle de vote un assesseur ou un délégué, ou qui l'a empêché d'exercer ses prérogatives.

Est passible des mêmes peines, celui qui s'oppose à l'inscription au procès-verbal des opérations de vote des remarques présentées par un membre du bureau, par le représentant d'un candidat ou d'une liste. (Loi n°10/98 du 10 juillet 1998).

Article 147 : Toute manœuvre frauduleuse ayant pour but d'enfreindre les dispositions des articles 100 à 102 de la présente loi, relatives au vote par procuration, est punie d'un emprisonnement de trois à vingt-quatre mois et d'une amende de 50.000 à 5.000.000 de francs CFA. (Loi n°10/98 du 10 juillet 1998).

CHAPITRE TROISIEME : DES INFRACTIONS POSTÉRIEURES AU VOTE OU SE RAPPORTANT À PLUSIEURS PHASES DE LA CONSULTATION ÉLECTORALE

Article 148 : Sans préjudice des dispositions des articles 100, 101 et 102 du Code Pénal, sont poursuivis devant les juridictions pénales les auteurs des infractions électorales commises postérieurement au vote ou se rapportant à plusieurs phases de la consultation électorale, telles que définies au présent chapitre. (Loi n°10/98 du 10 juillet 1998).

TITRE XI : DES DISPOSITIONS DIVERSES ET FINALES

Article 149 : (Loi n°10/98 du 10 juillet 1998). Après chaque élection, le Président de la commission nationale électorale adresse un rapport au Président de la République, au Premier Ministre, aux Présidents des deux Chambres du Parlement, au Président de la Cour constitutionnelle, au Président du Conseil national de la communication et au Président du Conseil national de la démocratie, dans un délai de 60 jours à compter de la date de la proclamation des résultats à la Cour constitutionnelle. (Loi n°10/98 du 10 juillet 1998).

Article 150 : (Loi n°10/98 du 10 juillet 1998) Lors des consultations électorales des organismes internationaux et des personnalités étrangères qualifiées peuvent, sur invitation du gouvernement, observer les différentes phases du processus.

Un texte réglementaire détermine les modalités d'application du présent article. (Loi n°10/98 du 10 juillet 1998).

Article 151 : (Loi n°10/98 du 10 juillet 1998). Après chaque élection, les listes électorales, les autres documents y afférents, le matériel électoral et tous les autres moyens nécessaires au fonctionnement de la commission nationale électorale sont remis par le Président de cette commission au Ministre chargé de l'Intérieur, qui en est le dépositaire. (Loi n°10/98 du 10 juillet 1998).

Article 152 : Des textes législatifs et réglementaires déterminent, en tant que de besoin, les dispositions de toute nature nécessaire à l'application de la présente loi. (Loi n°10/98 du 10 juillet 1998).

Article 153 : La présente loi, qui abroge toutes les dispositions antérieures contraires, sera enregistrée, publiée selon la procédure d'urgence et exécutée comme loi de l'Etat. (Loi n°10/98 du 10 juillet 1998).

Fait à Libreville, le 10 juillet 1998

Par le Président de la République,
Chef de l'Etat

El Hadj Omar Bongo

Le Premier Ministre, Chef du Gouvernement
Dr Paulin OBAME NGUEMA

Le Ministre d'Etat, chargé de l'Intérieur
Antoine MBOUMBOU MIYAKOU

Le Ministre d'Etat, Ministre de la Justice, Garde des Sceaux, chargé des Droits de l'Homme
Dr Marcel Eloi RAHANDI-CHAMBRIER

Le Ministre des Finances, de l'Economie, du Budget et des Participations, chargé de la Privatisation
P.O Le Ministre Délégué
Antoine YALANZELE.

Loi n°015/2005 du 26 août 2005 portant modification de certaines dispositions de la loi n°7/96 du 12 mars 1996 portant dispositions communes à toutes les élections politiques

L'Assemblée nationale et le Sénat ont délibéré et adopté ;
Le Président de la République, Chef de l'Etat, promulgue la loi dont la teneur suit :

Article 1er : La présente loi, prise en application des dispositions de l'article 47 de la Constitution, porte modification de certaines dispositions de la loi n°07/96 du 12 mars 1996 portant dispositions communes à toutes les élections politiques, modifiée par les lois n°10/98 du 10 juillet 1998 et 010/2004 du 16 janvier 2005.

Article 2 : Les dispositions des articles 42, 73, 74, 75 alinéa 1, 103, 119, 121, 122, 123, 124, 125, 128, 129, 130, 132 et 157 sont modifiées et se lisent désormais comme suit :

Article 42 nouveau : Les listes électorales sont établies en sept exemplaires. Un exemplaire est conservé au siège de la circonscription électorale. Les six autres sont transmis respectivement :
- au Gouverneur ;
- au Ministre chargé de l'Intérieur ;
- au Ministre chargé de la Justice ;
- au Ministre chargé de la Planification ;
- au Chef de la Mission diplomatique ou consulaire (Loi n°10/98 du 10 juillet 1998) ;
- au Président de la Cour constitutionnelle.

Article 73 nouveau : Les opérations électorales ont lieu un dimanche. Toutefois, si celui-ci coïncide avec une fête légale, ou si les circonstances l'exigent, le vote peut avoir lieu, soit le lendemain, soit un autre jour déclaré pour la circonstance jour férié et chômé, selon le cas, soit dans la circonscription concernée, soit sur toute l'étendue du territoire, par arrêté conjoint du Ministre chargé de l'Intérieur, du Ministre chargé du Travail et du Ministre chargé de la Fonction publique.

Article 74 nouveau : La Commission nationale électorale arrête la date de convocation des électeurs. Cette date est matérialisée par décret pris en Conseil des Ministres sur proposition du Ministre chargé de l'Intérieur. La publication au Journal officiel ou dans un journal d'annonces légales du décret de convocation doit être effectuée au minimum trente et un jours avant le scrutin.

En cas de force majeure dûment constatée par la Cour constitutionnelle, la Commission nationale électorale décide du report du scrutin à une date également matérialisée par décret pris en Conseil des Ministres sur proposition du Ministre chargé de l'Intérieur.

Les électeurs ne votent qu'à l'élection pour laquelle ils sont convoqués.

Article 75 alinéa 1 nouveau : Le vote a lieu dans les bureaux déterminés à cet effet par les Commissions électorales locales au plus tard quinze jours avant le scrutin.

Article 103 nouveau : Le scrutin étant clos, le Président du bureau procède publiquement à l'ouverture de l'urne au lieu de vote, en présence des autres membres du bureau et des représentants des candidats.

Les enveloppes sont comptées ainsi que les émargements. Si les enveloppes comptées sont supérieures au nombre d'inscrits, mention doit en être portée au procès-verbal.

Article 103 bis : Par dérogation aux dispositions des articles 81 et 104 de la présente loi, les membres du bureau de vote du collège électoral visé à l'article 74 bis de la présente loi, effectuent le décompte des enveloppes contenues dans l'urne. Les enveloppes, les émargements et le procès-verbal comportant les mentions nécessaires ainsi que les observations éventuelles sont remis dans l'urne.

L'urne scellée, dont les clés de l'un des cadenas sont conservées par le vice-président représentant la majorité et les clés de l'autre cadenas, conservées par le vice-président représentant l'opposition, est convoyée et gardée au siège de la commission électorale compétente.

Le jour du scrutin général, l'urne est convoyée au bureau de vote concerné pour le dépouillement conformément aux dispositions en vigueur en la matière. Les résultats font l'objet d'un procès-verbal joint à celui des autres résultats.

Article 119 nouveau : Le contentieux des élections politiques et référendaires est régi par les règles de procédure applicables en la matière par la Cour constitutionnelle.

Article 121 nouveau : La Cour constitutionnelle est seule compétente pour statuer sur les réclamations afférentes aux élections Présidentielles, législatives, sénatoriales, référendaires, des conseils départementaux et des conseils municipaux. Elle juge en premier et dernier ressort.

Article 122 nouveau : La réclamation doit être déposée au greffe de la Cour constitutionnelle, sous peine d'irrecevabilité, au plus tard le quinzième jour suivant la proclamation des résultats par la Cour constitutionnelle, pour ce qui concerne les élections Présidentielles, parlementaires et les opérations référendaires, et dans les vingt jours suivant la proclamation, pour ce qui concerne les élections locales.

Toutefois, en cas de force majeure dûment constatée, la Cour constitutionnelle peut relever le requérant de la forclusion.

Il est donné récépissé du dépôt de la réclamation.

Les réclamations introduites avant la proclamation des résultats sont irrecevables.

Article 123 nouveau : La notification du recours est faite par le greffier de la Cour constitutionnelle, saisie dans les dix jours qui suivent l'enregistrement de la requête, au candidat ou au représentant de la liste de candidats dont l'élection est contestée. Celui-ci est informé en même temps qu'il dispose d'un délai de dix jours pour déposer ses moyens de défense au greffe de la Cour constitutionnelle et faire connaître s'il entend ou non présenter des observations orales. Il lui est donné, le cas échéant, récépissé du dépôt de s moyens de défense.

En cas de force majeure dûment constatée, la Cour constitutionnelle, peut relever le requérant de la forclusion.

Article 124 nouveau : La Cour constitutionnelle rend sa décision dans un délai maximum de deux mois à compter de l'enregistrement du recours au greffe, pour ce qui concerne les élections Présidentielles, parlementaires et les opérations de référendum; et dans un délai maximum de quatre mois à compter de l'enregistrement au greffe, pour ce qui concerne les élections locales.

La décision est notifiée sous huitaine à la Commission nationale électorale qui, en cas d'annulation, prend toutes dispositions pour la reprise des opérations électorales.

Article 125 nouveau : Si la Cour constitutionnelle rend une décision avant dire droit ordonnant une enquête ou la production d'une preuve, elle doit statuer définitivement au fond dans le délai d'un mois à compter de cette décision.

Article 128 nouveau: Constituent des causes d'annulation totale ou partielle des élections :
- la constatation de l'inéligibilité d'un candidat ;
- l'existence d'une candidature multiple ;
- l'organisation des élections en dehors des circonscriptions ou sections électorales définies parla loi ;
- l'organisation du scrutin dans des lieux autres que les bureaux de vote réguliers ;
- le défaut d'isoloir dans un bureau de vote, même hors de toute intention de fraude ;
- le déplacement de l'urne hors du bureau de vote avant ou pendant le dépouillement sans l'autorisation du bureau de vote ;
- la constatation dans l'urne d'un nombre d'enveloppes supérieur au nombre d'émargements ;
- la manipulation avérée du fichier électoral ou de la liste électorale ;
- l'arrêt définitif des opérations de vote pour insuffisance de bulletins de vote.

Article 129 nouveau : La fraude, le transfert d'électeurs d'une circonscription à une autre ou d'un bureau de vote à un autre, la corruption, l'empêchement et la séquestration entachant d'irrégularité l'élection, peuvent entraîner son annulation s'il est reconnu par la Cour constitutionnelle qu'ils ont faussé le résultat du scrutin d'une manière déterminante pour l'élection des candidats.

Il en est de même de la participation à la propagande électorale, par des déclarations publiques écrites ou verbales, des autorités administratives.

Peuvent également entraîner l'annulation, la violence et les voies de fait constatées dans un bureau de vote et aux abords immédiats, le port d'insignes distinctifs, la distribution des sommes d'argent dans les bureaux de vote ou en tout autre lieu ainsi que la diffamation le jour du scrutin.

Article 130 nouveau : En cas d'inobservation des conditions et des formalités prescrites par les lois et règlements, la Cour constitutionnelle apprécie librement si le vice constaté est de nature à entraîner l'annulation des élections.

Article 132 nouveau : Sous réserve des dispositions du présent titre relatives aux autres matières, la procédure applicable au contentieux des élections politiques et référendaires est celle prévue par la loi organique sur la Cour constitutionnelle.

Article 157 nouveau : Lorsque la Cour constitutionnelle a retenu dans sa décision d'annulation des faits constitutifs d'infraction à la loi pénale, elle communique le dossier au Procureur de la République compétent, à charge par celui-ci d'y donner suite dans le délai fixé par la décision de la Cour constitutionnelle.

Article 3 : Il est créé deux articles 74 bis et 74 ter libellés ainsi qu'il suit:

Article 74 bis : Il est institué un collège électoral distinct constitué par les agents publics qui concourent au maintien de l'ordre, de la sécurité des lieux de vote ainsi qu'à l'organisation et au déroulement des opérations électorales.

Article 74 ter: La Commission nationale électorale arrête, dans les formes prévues à l'article 74 de la présente loi, la date de convocation du collège électoral constitué par les agents publics qui concourent au maintien de l'ordre et de la sécurité des lieux de vote ainsi qu'à l'organisation et au déroulement des opérations électorales.

Le vote des agents publics visés à l'alinéa 1er ci-dessus intervient avant la convocation des autres électeurs.

Article 4 : Des textes réglementaires déterminent, en tant que de besoin, les dispositions de toute nature nécessaires à l'application de la présente loi.

Article 5 : La présente loi, qui abroge toutes dispositions antérieures contraires, sera enregistrée, publiée selon la procédure d'urgence et exécutée comme loi de l'Etat.

Fait à Libreville, le 26 août 2005

Par le Président de la République,
Chef de l'Etat

El Hadj Omar BONGO ONDIMBA

Par le Premier Ministre, Chef du Gouvernement
Jean François NTOUTOUME EMANE.

Ordonnance n°002/2005/PR du 11 août 2005 portant modification de certaines dispositions de la loi n°7/96 du 12 mars 1996 modifiée portant dispositions communes à toutes les élections politiques

LE PRESIDENT DE LA REPUBLIQUE,
CHEF DE L'ETAT ;

Vu la Constitution ;

Vu le décret n°000715/PR du 4 septembre 2004 fixant la composition du Gouvernement de la République, ensemble les textes modificatifs subséquents ;

Vu la loi n°017/2005 du 30 juin 2005 autorisant le Président de la République à légiférer par ordonnance pendant l'intersession parlementaire ;

Vu la loi n°7/96 du 12 mars 1996 portant dispositions communes à toutes les élections politiques, ensemble les textes modificatifs subséquents ;

Le Conseil d'Etat consulté ;
Le Conseil des Ministres entendu ;

O R D O N N E :

Article 1 : La présente ordonnance, prise en application des dispositions des articles 47 et 52 de la Constitution, porte modification de certaines dispositions de la loi n°7/96 du 12 mars 1996 portant dispositions communes à toutes les élections politiques modifiée par les lois nos10/98 du 10 juillet 1998 et 010/2004 du 6 janvier 2005.

Article 2 : Les dispositions de l'article 13 sont modifiées et se lisent désormais comme suit :

« **Article 13 nouveau** : La Commission nationale électorale comprend également les membres représentant :
- les ministères techniques ;
- les partis politiques légalement reconnus ou groupements de partis politiques légalement reconnus ;
- les candidats, en cas d'élection Présidentielle.

Les ministères techniques visés au premier alinéa du présent article sont :

Au sein de la Commission nationale électorale:
- le ministère de l'intérieur ;
- le ministère de la Défense Nationale ;
- le ministère de la Sécurité Publique ;
- le ministère de l'Education Nationale ;
- le ministère des Finances ;
- le ministère de la Planification ;
- le ministère de la Justice ;
- le ministère des Affaires Etrangères, en cas d'élection Présidentielle.

Au sein des commissions électorales locales :
- le ministère de l'Intérieur;
- le ministère de la Défense Nationale;
- le ministère de l'Education Nationale.

Au sein des commissions consulaires électorales :
- le ministère des Affaires Etrangères, en cas d'élection Présidentielle. »

Article 3 : La présente ordonnance, qui abroge toutes les dispositions antérieures contraires, sera enregistrée, publiée selon la procédure d'urgence et exécutée comme loi de l'Etat.

Fait à Libreville, le 11 août 2005

Par le Président de la République,
Chef de l'Etat

El Hadj Omar BONGO ONDIMBA

Par le Premier Ministre, Chef du Gouvernement
Jean François NTOUTOUME EMANE

Le Ministre de l'Intérieur et de la Décentralisation
Clotaire-Christian IVALA

Le Ministre d'Etat, Ministre de la Planification et de la Programmation du Développement
Casimir OYE MBA.

Ordonnance n°009/PR/2011 du 11 août 2011 modifiant, complétant et abrogeant certaines dispositions de la loi n°7/96 du 12 mars 1996 portant dispositions communes à toutes les élections politiques

LE PRESIDENT DE LA REPUBLIQUE,
CHEF DE L'ETAT ;

Vu la Constitution ;
Vu le décret n°0804/PR du 19 octobre 2009 fixant la composition du Gouvernement de la République, ensemble les textes modificatifs subséquents ;
Vu la loi n°011/2011 du 8 juillet 2011 autorisant le Président de la République à légiférer par ordonnances pendant l'intersession parlementaire ;
Vu la loi n°7/96 du 12 mars 1996 portant dispositions communes à toutes les élections politiques, ensemble les textes modificatifs subséquents ;
Vu le décret n°269/PR-MI du 3 mars 1976 portant réorganisation et attributions du Ministère de l'Intérieur, ensemble les textes modificatifs subséquents ;

Le Conseil d'Etat consulté ;
Le Conseil des Ministres entendu ;

O R D O N N E :

Article 1er : La présente ordonnance, prise en application des dispositions de la loi n°011/2011 du 8 juillet 2011 susvisée, modifie, complète et abroge certaines dispositions de la loi n°7/96 du 12 mars 1996 portant dispositions communes à toutes les élections politiques.

Article 2 : les dispositions des articles 8, 10, 11, 14a, 16j, 16m, 16q, 17, 18, 22a, 24, 31, 35, 37, 38, 39, 42, 44, 48, 50, 53, 54, 56 59, 62, 66, 67, 69, 72, 73, 74, 75, 82, 91, 109, 114, 122, 123, 124, 140 et 152, sont modifiées et se lisent désormais ainsi qu'il suit :

« **Article 8 nouveau** : L'administration est dépositaire du fichier électoral.

A ce titre, elle est chargée notamment :
- de la mise à jour permanente du fichier électoral ;
- de l'établissement de la liste électorale et de la distribution des cartes d'électeurs, avec la participation des représentants de la Commission Electorale Nationale Autonome et Permanente ;
- de la commande du matériel électoral nécessaire à l'organisation du scrutin, en concertation avec la Commission Electorale Nationale Autonome et Permanente.

L'administration est en outre chargée :
- de la détermination des centres *et des bureaux* de vote ;
- *de la transmission de la liste électorale et des tableaux d'addition, de la liste des centres et bureaux de vote à la Commission Electorale Nationale Autonome et Permanente et à la Cour Constitutionnelle, après leur établissement* ;
- de l'établissement d'un programme et de la conduite d'une campagne d'éducation civique des citoyens ;
- de l'annonce des résultats électoraux à l'invitation du Président de la Commission Electorale Nationale Autonome et Permanente ;
- du contrôle du matériel électoral mis à la disposition de la Commission Electorale Nationale Autonome et Permanente.

L'organisation et le fonctionnement des commissions administratives d'inscription sur les listes électorales et de distribution des cartes d'électeurs sont fixés par voie réglementaire ».

« **Article 10 nouveau** : Il est créé une Commission Electorale Nationale Autonome et Permanente, en abrégé CENAP, à laquelle sont confiées l'organisation et l'administration de chaque élection politique et référendaire. Elle veille en particulier à leur bonne organisation matérielle.

La Commission Electorale Nationale Autonome et Permanente a son siège à Libreville. Toutefois, lorsque les circonstances l'exigent, ce siège peut être transféré par voie législative en toute autre localité du territoire national.

Le siège de la Commission Electorale Nationale Autonome et Permanente peut également être transféré après avis de la Cour Constitutionnelle, en toute autre localité du territoire national en cas de force majeure dûment constatée par celle-ci, sur saisine du Gouvernement à la requête du Président de la Commission Electorale Nationale Autonome et Permanente, après délibération de son bureau.

Elle jouit de l'autonomie de gestion budgétaire ».

« **Article 11 nouveau** : La Commission Electorale Nationale Autonome et Permanente comprend une structure centrale, le bureau, qui siège en permanence et des structures locales dénommées commissions électorales locales mises en place quatre-vingt dix jours *au plus* avant chaque élection.

En cas de décès, d'empêchement définitif d'un élu, de démission ou d'exclusion d'un élu de son parti politique, d'invalidation d'une élection, de dissolution de l'Assemblée Nationale ou d'un conseil municipal ou départemental, la commission électorale locale concernée est mise en place quarante cinq jours au plus avant la date du scrutin.

Le nombre des commissions électorales locales, selon le type d'élection, est fixé par voie réglementaire ».

« **Article 14a nouveau** : Au titre de l'administration du scrutin, la Commission Electorale Nationale Autonome et Permanente assure des missions non permanentes.

A cet effet, elle est chargée de :

- transmettre aux commissions électorales locales la liste définitive de chaque bureau de vote, pour vérification et affichage, trente jours *au plus* avant le scrutin ;
- recevoir et examiner les dossiers des candidatures aux élections Présidentielles, législatives, sénatoriales, municipales et départementales, et établir les bulletins de vote et les formulaires de procès-verbaux ;
- recevoir de l'administration le matériel électoral nécessaire à l'organisation du scrutin ;
- veiller au bon déroulement de la campagne électorale et saisir, le cas échéant, les instances compétentes ;
- distribuer le matériel et les documents électoraux ;
- publier la liste des centres et des bureaux de vote par le biais de ses structures locales ;
- nommer par le biais de ses structures locales, les membres des bureaux de vote ;
- désigner ses contrôleurs dans tous les bureaux de vote ;
- signer les cartes des mandataires des candidats ou listes de candidats ;

- superviser les opérations de vote ;
- organiser le ramassage et la transmission des procès-verbaux des bureaux de vote aux lieux de centralisation des résultats ;
- procéder au recensement des votes à travers ses commissions électorales locales et consulaires ;
- centraliser les résultats électoraux en vue de leur annonce par le Ministre chargé de l'Intérieur ;
- transmettre à la Cour Constitutionnelle les exemplaires des procès-verbaux centralisés ;
- transmettre à la Cour Constitutionnelle les résultats électoraux annoncés par le Ministre de l'Intérieur et les documents y relatifs ;
- procéder à l'archivage de tous les documents électoraux ;
- contrôler, le cas échéant, le matériel électoral *remis par* l'Administration ;
- assurer *l'information et la sensibilisation* des électeurs sur le déroulement du scrutin ;
- faire toutes propositions relatives à l'amélioration du Code Electoral et les transmettre aux institutions compétentes ».

« **Article 16j nouveau** : Les membres du bureau de la Commission Electorale Nationale Autonome et Permanente sont soumis à l'obligation d'établir, dès leur prestation de serment, *une déclaration de leurs biens*, conformément aux dispositions de la loi n°2/2003 du 7 mai 2003 instituant un régime de répression et de prévention de l'enrichissement illicite en République Gabonaise et à celles du décret n°324/PR/MCEIPLC du 6 septembre 2004 fixant les modalités de déclaration de fortune par les détenteurs de l'autorité de l'Etat ».

« **Article 16 m nouveau** : Placé sous l'autorité du Président de la Commission Electorale Nationale Autonome et Permanente, le Secrétaire Général est chargé de :
- l'administration de la Commission Electorale Nationale Autonome et Permanente, notamment la gestion du personnel et du matériel ;
- l'établissement des procès-verbaux des réunions du bureau de la Commission Electorale Nationale autonome et Permanente ;
- la réception, la gestion et la conservation de la documentation et du matériel relatifs aux élections ;
- l'information du public *en période non électorale* ».

« **Article 16q nouveau** : La Commission Electorale Nationale Autonome et Permanente établit un rapport annuel d'activités qu'elle adresse au Président de la République, *au Gouvernement, au Parlement* et à la Cour Constitutionnelle au plus tard un mois après la fin de l'année concernée.

La Commission Electorale Nationale Autonome et Permanente publie le rapport annuel d'activité au plus tard dans les quinze jours suivant sa transmission au Président de la République, au Gouvernement, au Parlement et à la Cour Constitutionnelle ».

« **Article 17 nouveau** : *Quatre vingt dix jours au plus* avant la date du référendum ou de toute élection politique, la Commission Electorale Nationale Autonome et Permanente met en place les commissions électorales locales.

Ce délai est ramené à :
- quarante cinq jours au plus en cas d'élection partielle des députés ou des membres des conseils locaux ;

- trente jours au plus en cas d'élection des sénateurs ;
- dix jours au plus en cas d'élection partielle des sénateurs.

Les commissions électorales locales visées par la présente loi sont :
- les commissions provinciales électorales ;
- les commissions départementales électorales ;
- les commissions communales électorales ;
- les commissions électorales d'arrondissement ;
- *les commissions électorales de districts, selon le cas ;*
- les commissions consulaires électorales, en cas d'élection Présidentielle ou référendaire.

En cas d'élection partielle, une commission provinciale électorale n'est mise en place que lorsque dans la province concernée, l'organisation de l'élection exige la mise en place de plus d'une commission électorale départementale, communale, d'arrondissement ou de district ».

« **Article 18 nouveau** : *Les commissions électorales locales se composent des membres du bureau, des représentants des partis politiques et des ministères techniques.*

Les membres représentant les partis politiques sont désignés par les partis ou groupements de partis politiques légalement reconnus de la Majorité ou de l'Opposition présentant un ou plusieurs candidats à l'élection concernée.
Leur nombre est fixé par voie réglementaire ».

« **Article 22a nouveau** : Ne peuvent être Présidents des commissions électorales :
- les personnes exerçant un mandat électif ;
- *les personnes exerçant les fonctions de direction des organes des partis politiques ;*
- *les membres de l'organe dirigeant d'un groupe de soutien à un parti, à une liste de candidats ou à un candidat* ».

« **Article 24 nouveau** : *Les dispositions des articles 16v et 22c ci-dessus sont applicables aux commissions électorales locales* ».

« **Article 31 nouveau** : *Sans préjudice des sanctions pénales applicables, sont frappés d'une inéligibilité de cinq à dix ans au plus* :
- les auteurs et les complices reconnus coupables d'actes de vandalisme, de violence et d'inscriptions frauduleuses sur les listes électorales ;
- *les auteurs, complices ou commanditaires reconnus coupables d'actes de violence le jour du scrutin ou à tout moment dans les structures abritant le siège de la Commission Electorale Nationale Autonome et Permanente et des commissions locales ainsi que sur leurs membres, les scrutateurs ou les contrôleurs des opérations électorales ;*
- *ceux qui tentent par la violence d'empêcher en quelque lieu que ce soit, la manifestation du suffrage* ;
- ceux qui, sur les lieux du scrutin ou dans leur proximité immédiate, exercent par quelque moyen que ce soit une pression sur un ou plusieurs électeurs en vue d'influencer leur vote, d'obtenir leur suffrage ou d'empêcher la manifestation de celui-ci ;
- ceux qui, pour contester les résultats d'une élection après la proclamation de ceux-ci par la juridiction compétente, posent des actes inciviques engendrant de ce fait des troubles à l'ordre public ;

- les coupables de falsification de cartes d'électeurs, de bulletins de vote, de procès-verbaux de bureaux de vote, de pièces d'état civil, des pièces d'identité ou de toute autre manœuvre frauduleuse ayant pour but d'enfreindre les dispositions de la présente loi ;
- *le membre du bureau qui, sans motif figurant sur le procès-verbal, aura refusé de le signer* ».

« **Article 35 nouveau** : Les circonscriptions visées à l'alinéa de l'article 34 ci-dessus peuvent être découpées en sections électorales correspondant :
- dans la commune, à chaque arrondissement ou groupe d'arrondissements, quartier ou groupe de quartiers ;
- et dans le département, à chaque commune ou groupement de communes et à chaque canton ou groupement de cantons.

Le découpage des circonscriptions en sections et la répartition des sièges par section électorale sont déterminés par la loi.

Avis du tableau de découpage et de répartition des sièges doit être communiqué au public par affichage à la préfecture et aux mairies trois mois avant la date des élections.
Chaque circonscription électorale ou section électorale comprend plusieurs centres de vote composés d'un ou de plusieurs bureaux de vote.

Le nombre et l'implantation des centres et des bureaux de vote sont fixés par l'administration conformément aux dispositions des articles 8 nouveau et 75 nouveau de la présente loi, à raison d'un bureau pour cinq cents électeurs au plus.

Les commissions électorales locales vérifient le nombre des bureaux de vote, s'assurent de leur bonne implantation et apportent, le cas échéant, les correctifs nécessaires ».

« **Article 37 nouveau** : Chaque électeur s'inscrit dans une seule circonscription électorale et dans un seul centre de vote.
Chaque électeur doit être affecté dans un seul bureau de vote de son centre de vote.

La liste électorale est permanente. Elle est établie à l'échelon provincial par les autorités administratives locales. Elle doit faire l'objet chaque année d'une révision par l'administration avec la participation *des représentants* de la Commission Electorale Nationale Autonome et Permanente.

La période de révision est de *vingt cinq jours*. Elle peut faire l'objet d'une prorogation de cinq jours fixée par arrêté du Ministre chargé de l'Intérieur.

A cet effet, des commissions de révision sont mises en place dans chaque province par le Gouverneur, et dans chaque mission diplomatique, par le Chef de mission diplomatique.

Elles comprennent, outre les représentants de l'Administration, ceux désignés par la Commission Electorale Nationale Autonome et Permanente.

Elles fonctionnent suivant les modalités fixées par voie réglementaire.

La révision de la liste électorale prend en compte les nouvelles inscriptions, les décès et les changements de résidence.

En cas d'élection Présidentielle anticipée, la période de révision de la liste électorale est fixée par voie réglementaire.

En cas d'élection partielle des députés, des sénateurs ou des membres des conseils locaux, la liste de la dernière élection politique tient lieu de liste du scrutin considéré, sous réserve du traitement administratif ».

« **Article 38 alinéa 4 nouveau** : *Les dispositions de l'alinéa 1er du présent article ne sont pas applicables en cas d'élection Présidentielle anticipée* ».

« **Article 39 nouveau** : Toutes les réclamations sont inscrites par ordre chronologique sur *un registre après présentation du certificat d'inscription.*

Il est procédé à l'authentification du récépissé d'inscription de l'électeur concerné par l'autorité administrative dont dépend la commission de révision concernée.

L'autorité administrative concernée statue sur les réclamations qui lui sont présentées dans un délai de dix jours à compter de sa saisine.

La décision est notifiée par l'autorité administrative à l'intéressé dans un délai de cinq jours pour toute élection politique.

En cas d'élection Présidentielle anticipée, les délais de réclamations sont fixés par voie réglementaire ».

« **Article 42 nouveau** : La liste électorale est établie en *six* exemplaires.

Un exemplaire est conservé au siège de la circonscription électorale *concernée*. Un autre est remis au Président de la Commission Electorale Nationale Autonome et Permanente. Les *quatre* autres sont transmis respectivement :

- au Gouverneur de province ;
- au Ministre chargé de l'Intérieur ;
- au Chef de la mission diplomatique ou consulaire, en cas d'élection Présidentielle ;
- au Président de la Cour constitutionnelle ».

« **Article 44 nouveau** : *Sous réserve de l'application des dispositions de l'article 37 ci-dessus relatives à l'élection du Président de la République*, en cas d'élection et après la période de révision, sont inscrits ou radiés pendant un délai de cinq jours fixé par le Ministre chargé de l'Intérieur :

- les personnes dont l'inscription ou la radiation aura été ordonnée par la juridiction compétente ou celles auxquelles les juridictions auront interdit le droit de vote ou d'élection ;
- les agents des secteurs publics ou parapublics ainsi que les employés des entreprises privées ayant fait l'objet d'une mutation ou d'une mise à la retraite, sur présentation de leur ordre de mutation ou du document attestant leur mise à la retraite et sur production d'un certificat de radiation de la liste électorale de leur précédente résidence. Cette dérogation s'étend aux membres de la famille des personnes concernées vivant avec eux à la date de leur mutation ou de leur mise à la retraite ;

- les personnes ayant atteint dix huit ans après la clôture de la période de révision prévue à l'article 37 ci-dessus, *sur présentation d'une pièce d'identité* ;
- toute personne régulièrement inscrite dont le nom ne se trouve pas en définitive sur la liste électorale de sa circonscription électorale ou de son centre de vote, sous réserve de la présentation de son certificat d'inscription ».

« **Article 48 nouveau** : Sont inscrits sur la liste électorale d'une circonscription électorale ou d'une section électorale, les citoyens gabonais des deux sexes remplissant les conditions suivantes :
- avoir dix huit ans révolus ;
- jouir de ses droits civils et politiques ;
- être né dans la circonscription électorale ou, avoir un domicile ou une résidence notoirement connu depuis douze mois dans la circonscription électorale, ou y possédant des intérêts économiques notoirement connus ou des intérêts familiaux régulièrement entretenus.

L'inscription sur une liste électorale est individuelle, volontaire et personnelle. Elle est faite sur présentation d'une carte nationale d'identité, ou d'une pièce d'état-civil originale ou légalisée.

Au moment de l'inscription, sont relevés, les noms, prénoms, date et lieu de naissance, domicile ou résidence, profession, adresse, *empreintes digitales et photographie* de l'électeur ainsi que les noms, prénoms du père et de la mère.

Dans tous les cas, l'inscription par procuration est interdite ».

« **Article 50 nouveau** : Nul ne peut être inscrit *dans plusieurs centres ou bureaux de vote. En cas d'inscriptions multiples, l'électeur est maintenu d'office sur la liste électorale de sa dernière inscription* ».

« **Article 53 nouveau** : La carte d'électeur est personnelle et permanente. Elle est remise au titulaire par l'administration après le traitement annuel de la liste électorale nationale par arrêté du Ministre chargé de l'Intérieur.

En année électorale, la carte d'électeur est délivrée aux nouveaux électeurs jusqu'à vingt quatre heures avant le scrutin.

Les cartes restantes sont regroupées et mises à la disposition des électeurs dans les centres et bureaux de vote le jour du scrutin.

La carte d'électeur comporte des mentions obligatoires arrêtées et fixées par décret pris sur proposition du Ministre chargé de l'Intérieur ».

« **Article 54 nouveau** : L'accès au bureau de vote est conditionné par la présentation d'une carte d'électeur et de l'une des pièces d'identité suivantes :
- carte nationale d'identité ;
- passeport.

A défaut de ces pièces et après vérification par le bureau de vote, l'accès aux urnes est autorisé en milieu rural sur présentation de la carte d'électeur et d'une pièce d'état-civil *originale ou légalisée* ».

« **Article 56** : L'administration peut prescrire en cas de nécessité, le renouvellement général ou partiel des cartes d'électeurs. Si un scrutin est prévu, la distribution des cartes doit être effectuée *jusqu'à vingt quatre* heures avant le scrutin ».

« **Article 59 nouveau** : Sous réserve des dispositions de la loi relative aux conditions d'éligibilité du Président de la République, la déclaration de candidature doit être déposée pour enregistrement, affichage et diffusion au siège de la *commission électorale compétente, aux dates et heures fixées par décret* ».

« **Article 62 nouveau** : Les partis ou groupements de partis politiques légalement reconnus sont admis à déposer une liste de candidature et une seule. Les candidats indépendants peuvent également présenter une liste de candidats.

Tout membre adhérant à un parti politique légalement reconnu ne peut, sans démission préalable de celui-ci, dans un délai de quatre mois au moins avant le scrutin, être investi par un autre parti politique ou se présenter comme candidat indépendant ou figurer sur une liste de candidats indépendants.

Tout élu en qualité d'indépendant *ou tout élu devenu indépendant à la suite de la dissolution du parti qui a présenté sa candidature* ne peut, pendant la durée du mandat, adhérer à un parti politique légalement reconnu sous peine d'annulation de son élection.

Chaque liste doit comporter un nombre de candidats égal au nombre de sièges attribués à la circonscription ou à la section électorale concernée ».

« **Article 66 nouveau** : Tout électeur concerné qui s'estime lésé *ou qui a connaissance des faits ou actes de nature à constituer un cas d'inéligibilité ou d'incompatibilité* peut contester une ou plusieurs candidatures devant la commission électorale compétente avant qu'elles ne soient rendues publiques dans les conditions fixées par la loi ».

La Commission Electorale Nationale Autonome et Permanente procède à l'examen de déclarations de candidatures enregistrées sur toute l'étendue du territoire national, arrête et rend publique, trente jours avant la date du scrutin, la liste des candidatures retenues pour l'élection.

Une fois rendues publiques, les candidatures ne peuvent faire l'objet d'un recours que de la part d'un candidat devant *la Cour Constitutionnelle* saisie dans les *soixante douze* heures de cette publication. La Cour constitutionnelle statue dans les cinq jours de sa saisine.

Le bien-fondé de la contestation entraîne le rejet de la candidature.

En cas d'inexactitude des faits dénoncés, l'électeur s'expose, le cas échéant, aux sanctions pénales prévues au titre X de la présente loi ».

« **Article 67 nouveau** : Il est institué pour chaque catégorie d'élection un cautionnement électoral dont les montants sont fixés comme suit :
- *vingt millions de francs CFA* pour l'élection du Président de la République ;
- *cinq cent mille francs CFA* pour l'élection des députés ;
- *cinq cent mille francs CFA* pour l'élection des sénateurs ;
- *trois cent cinquante mille francs CFA* par liste pour l'élection des membres des conseils municipaux ;

- *trois cent cinquante mille francs CFA* par liste pour l'élection des membres des conseils départementaux.

Le cautionnement est remboursé à hauteur de :
- 100% aux candidats ou aux listes des candidats élus à un scrutin majoritaire ou à la liste de candidatures ayant obtenu au moins 50% d'élus à un scrutin à la proportionnelle ;
- 50% aux candidats ou listes des candidats ayant obtenu au moins 10% des suffrages exprimés.

Sont définitivement acquis au Trésor Public les cautionnements des candidats ou des listes qui se retirent après la publication des candidatures ou n'ayant pas obtenu 10% des suffrages et ceux non réclamés dans le délai d'un an à compter de la date de notification de l'avis de paiement émis par le Trésor ».

« **Article 69 nouveau** : La Commission Electorale Nationale Autonome et Permanente arrête la date d'ouverture de la campagne électorale. Elle est ouverte par décret pris sur proposition du Ministre chargé de l'Intérieur, en fonction de chaque catégorie d'élection à savoir :
- *le quatorzième jour qui précède le scrutin Présidentiel ;*
- *le dixième jour qui précède le scrutin pour l'élection des députés et des conseillers municipaux et départementaux ;*
- *le troisième jour qui précède le scrutin pour l'élection des sénateurs. Elle est close à la veille du scrutin à minuit* ».

« **Article 72 nouveau** : La propagande électorale est libre sous réserve du respect de l'ordre public et de l'observation des prescriptions législatives et réglementaires sur les réunions publiques.

Toute réunion électorale publique est soumise à l'obligation d'une déclaration préalable auprès de l'autorité de la circonscription administrative dans le ressort de laquelle se trouve le lieu où elle doit se tenir.

La déclaration est effectuée au moins quarante huit heures avant la tenue effective de la réunion. Toute réunion électorale régulièrement déclarée ne peut être interdite, sous réserve des considérations liées à l'ordre public.

En l'absence de notification de refus d'autorisation dans un délai *de douze heures* au moins avant l'heure déclarée de la réunion, celle-ci est réputée autorisée, sous réserve des considérations liées à l'ordre public ».

« **Article 73 nouveau** : Les opérations électorales ont lieu *samedi*. Toutefois, si celui-ci coïncide avec une fête légale, ou si les circonstances l'exigent, le vote peut avoir lieu, soit le lendemain, soit un autre jour déclaré pour la circonstance jour férié et chômé, selon le cas, soit dans la circonscription concernée, soit sur toute l'étendue du territoire, par arrêté conjoint du Ministre chargé de l'Intérieur, du Ministre chargé du Travail et du Ministre chargé de la Fonction Publique ».

« **Article 74 nouveau** : La commission nationale électorale arrête la date de convocation des électeurs. Cette date est matérialisée par *décret pris sur proposition du Ministre chargé de l'Intérieur*. La publication au Journal Officiel ou dans un journal d'annonces légales du décret de convocation doit être effectuée au minimum trente jours avant le scrutin.

En cas de force majeure dûment constatée par la Cour Constitutionnelle, la Commission Electorale Nationale Autonome et Permanente décide du report du scrutin à une date également matérialisée *par décret pris sur proposition du Ministre chargé de l'Intérieur.*

Les électeurs ne votent qu'à l'élection pour laquelle ils sont convoqués ».

« **Article 75 alinéa 1er nouveau** : *Le vote a lieu dans les bureaux déterminés par l'administration. Toutefois, la Commission Electorale Nationale Autonome et Permanente peut, selon le cas, faire procéder par l'Administration aux correctifs nécessaires relatifs à leur bonne implantation* ».

« **Article 82 nouveau** : Le scrutin est ouvert à 7 heures et clos à 18 heures par une déclaration publique du Président du bureau.

L'heure de la clôture peut être avancée dans le cas où tous les électeurs inscrits sur la liste électorale du bureau de vote concerné ont exercé leur droit de vote, la liste d'émargement faisant foi.

L'heure de clôture peut être retardée par délibération du bureau, notamment en cas de troubles ayant motivé la suspension des opérations électorales, d'une durée égale à celle de la suspension.

Elle peut également être retardée dans un bureau de vote où les électeurs inscrits n'ayant pas accompli leur droit de vote, sont présents et identifiables au lieu du vote.

Dans tous les cas, la décision est prise par délibération du bureau et le report ne peut avoir pour effet de clore le scrutin au-delà de vingt heures au plus tard.

Le Président du bureau de vote constate publiquement et mentionne au procès-verbal les heures d'ouverture et de clôture du scrutin ».

« **Article 91** : La présence d'un candidat *ou de ses sympathisants autres que ceux régulièrement désignés* aux abords immédiats des bureaux de vote de sa circonscription électorale n'est autorisée que lors de l'exercice de son ou *de leur* droit de vote ».

« **Article 109 nouveau** : Les listes d'émargement des bureaux de vote et les procès-verbaux des opérations électorales sont tenus à la disposition de tout électeur qui peut les consulter sur place pendant un délai de huit jours à partir de la proclamation des résultats, au siège de la commission électorale départementale, communale, d'arrondissement ou de district.

Passé ce délai, les documents sont transmis à la Commission Electorale Nationale Autonome et Permanente où ils sont conservés pendant une durée de un an à compter de la date de proclamation des résultats.

Au terme de cette période, il peut être procédé à leur destruction ».

« **Article 114 nouveau** : Sans préjudice *des dispositions légales relatives à l'élection du Président de la République*, la Cour Constitutionnelle proclame les résultats des élections *à l'issue du contentieux électoral* dont elle serait saisie.

Au vu de l'acte de proclamation, ces résultats sont publiés par voie de presse dans les meilleurs délais ».

« **Article 122 nouveau** : La réclamation doit être déposée au Greffe de la Cour Constitutionnelle, sous peine d'irrecevabilité, dans *les huit jours suivant l'annonce des résultats par le Ministre chargé de l'Intérieur, en ce qui concerne l'élection Présidentielle, dans les dix jours pour ce qui concerne les élections parlementaires et les opérations de référendum, dans les quinze jours pour ce qui concerne les élections locales.*

Toutefois, en cas de force majeure dûment constatée, la Cour Constitutionnelle peut relever le requérant de la forclusion. Il est donné récépissé du dépôt de la réclamation.

Les réclamations introduites avant l'annonce des résultats par le Ministre chargé de l'Intérieur sont irrecevables ».

« **Article 123 nouveau** : La notification du recours est faite par le Greffier de la Cour Constitutionnelle, *dans les cinq jours* qui suivent l'enregistrement de la requête, au candidat ou au représentant de la liste de candidats dont l'élection est contestée. Celui-ci est informé en même temps qu'il dispose *d'un délai de cinq jours, sous peine d'irrecevabilité,* pour déposer ses moyens de défense au Greffe de la Cour Constitutionnelle et de faire connaître s'il entend ou non présenter des observations orales. Il lui est donné, le cas échéant, récépissé du dépôt de ses moyens de défense ».

« **Article 124 nouveau** : La cour Constitutionnelle rend sa décision dans un délai maximum de *quinze jours* à compter de l'enregistrement du recours au Greffe, pour ce qui concerne l'élection du Président de la République, dans un délai maximum de deux mois à compter de l'enregistrement au Greffe pour ce qui concerne l'élection des parlementaires et les opérations de référendum, et dans un délai maximum de *trois mois* à compter de l'enregistrement au Greffe, pour ce qui concerne l'élection des conseillers municipaux et des conseillers départementaux ».

« **Article 140 nouveau** : Sont punies d'une amende de 300.000 à 1.000.000 de francs CFA :

1°) toute propagande électorale en dehors de la durée légale de la campagne électorale ;
2°) l'utilisation de panneaux d'affichage dans un but autre que la présentation et la défense d'une candidature et d'un programme ;
3°) la cession à un tiers par un candidat de son emplacement d'affichage ;
4°) la destruction d'affiches régulièrement apposées ;
5°) l'utilisation pendant la campagne, à des fins de propagande électorale, de tout procédé de publicité commerciale par voie de presse ou par tout moyen de communication audiovisuelle ;
6°) la diffusion après le délai limite de tout message ayant un caractère de propagande électorale ;
7°) *l'incitation à la violence et aux troubles à l'ordre public* ».

« **Article 152 nouveau** : Sont punis des peines prévues à l'article précédent ceux qui, par des manœuvres frauduleuses quelconques, accomplies même en dehors des locaux ou commissions mentionnés audit article, *notamment l'usage de faux justificatifs* ont porté atteinte à la sincérité du vote ».

Article 3 : Il est créé des articles 12 bis, 16v, 22f et 76 bis libellés ainsi qu'il suit :

« **Article 12 bis** : *La Commission Electorale Nationale Autonome et Permanente comprend également en période électorale, les membres représentants les partis politiques, les candidats indépendants en cas d'élection Présidentielle et les ministères techniques qui constituent avec les membres du bureau l'assemblée plénière.*

Les membres représentant les partis politiques sont désignés, pour chaque élection, avant la date du scrutin par les partis ou groupements de partis politiques légalement reconnus de la Majorité et de l'Opposition présentant un ou plusieurs candidats à l'élection concernée.

Le nombre de membres représentant les partis politiques, les candidats indépendants en cas d'élection Présidentielle et les ministères techniques est fixé par voie réglementaire.

Les ministères techniques visés au premier alinéa du présent article sont les suivants :
- Ministère de l'Intérieur ;
- Ministère de la Défense ;
- Ministère de la Communication ;
- Ministère de l'Education Nationale ;
- Ministère du Budget ;
- Ministère de l'Economie ;
- Ministère de la Justice ;
- Ministère des Affaires Etrangères, en cas d'élection Présidentielle ».

« **Article 16v** : *Les partis politiques ou groupements de partis politiques ainsi que les ministères techniques disposent d'un délai de quinze jours, à compter de leur saisine par le Président de la Commission Electorale Nationale Autonome et Permanente, afin de désigner leurs représentants.*

Au terme de ce délai, la Commission Electorale Nationale Autonome et Permanente est réputée valablement constituée lorsqu'elle comprend plus de la moitié de ses membres ».

« **Article 22f** : *La Commission électorale de district est composée d'un bureau comprenant :*
- *un Président ;*
- *deux vice-présidents ;*
- *un rapporteur général.*

Le Président est désigné par le bureau de la Commission Electorale Nationale Autonome et Permanente sur proposition du Président parmi les hauts cadres de la nation connus pour leur compétence, leur probité, leur intégrité morale, leur honnêteté intellectuelle, leur neutralité et leur impartialité ».

Si dans un délai de quarante huit heures à compter de la séance ouverte à cet effet, les membres du bureau ne parviennent pas à désigner celui-ci, le Président de la Commission Electorale Nationale Autonome et Permanente désigne souverainement la personne de son choix.

Les deux vice-présidents sont choisis à raison de un par les partis ou groupements de partis politiques légalement reconnus de la majorité présentant un ou plusieurs candidats à l'élection concernée, un par les partis ou groupements de partis politiques légalement reconnus de l'opposition présentant un ou plusieurs candidats à l'élection concernée.

Le rapporteur général est le chef de bureau du district concerné. Le rapporteur général a voix consultative ».

« **Article 76 bis** : *Les dispositions de l'article 16v ci-dessus sont applicables aux bureaux de vote. Toutefois, le délai visé par lesdites dispositions est ramenée à cinq jours au plus tard avant le scrutin* ».

Article 4 : Les dispositions de l'article 48 alinéa 3 de la présente ordonnance, notamment celles relatives au prélèvement des empreintes et à l'identification photographique de l'électeur ne seront applicables qu'à compter des élections locales de 2013.

Article 5 : La présente ordonnance, qui abroge toutes les dispositions antérieures contraires, notamment celles de l'article 126 de la loi n°7/96 du 12 mars 1996 susvisée, sera enregistrée, publiée selon la procédure d'urgence et exécutée comme loi de l'Etat.

Fait à Libreville, le 11 août 2011

Par le Président de la République,
Chef de l'Etat

Ali BONGO ONDIMBA

Le Premier Ministre, Chef du Gouvernement
Paul BIYOGHE MBA

Le Ministre de l'Intérieur, de la Sécurité Publique, de l'Immigration et de la Décentralisation
Jean François NDONGOU

Le Ministre du Budget, des Comptes Publics et de la Fonction Publique, chargé de la Réforme de l'Etat
Emmanuel ISSOZE NGONDET

Le Ministre de la Justice, Garde des Sceaux
Ida RETENO ASSONOUET

Loi n°009/2012 du 26 décembre 2012 portant modification de certaines dispositions de la loi n°7/96 du 12 mars 1996 portant dispositions communes à toutes les élections politiques

L'ASSEMBLEE NATIONALE ET LE SENAT ONT DELIBERE ET ADOPTE ;
LE PRESIDENT DE LA REPUBLIQUE, CHEF DE L'ETAT, PROMULGUE LA LOI DONT LA TENEUR SUIT :

Article 1er : La présente loi, prise en application des dispositions de l'article 47 de la Constitution, modifie certaines dispositions de la loi n°7/96 du 12 mars 1996 portant dispositions communes à toutes les élections politiques.

Article 2 : Au sens de la présente loi, on entend par :
- *enrôlement, l'opération de collecte des données relatives à l'état civil et aux données à caractère biométrique des citoyens en vue de l'établissement d'un fichier de l'état civil et de l'inscription sur la liste électorale des citoyens remplissant les conditions pour être électeur* ;
- identifiant unique, le matricule attribué à tout électeur.

Article 3 : Les dispositions des articles 37, 38, 39, 40, 45, 46, 48, 50, 115, 116, 117 et 118 de la loi n°7/96 du 12 mars 1996 susvisée sont modifiées et se lisent désormais comme suit :

« **Article 37 nouveau** : Chaque électeur s'enrôle dans une seule circonscription électorale et dans un seul centre de vote.

Lors de son enrôlement, il est procédé au recueil et à l'enregistrement de son identité.

L'identité comporte les informations relatives à l'état civil et celles permettant l'identification, notamment la photographie et les empreintes digitales.

Les modalités d'application des dispositions relatives à l'identification sont fixées par voie réglementaire.

La liste électorale est permanente. *Les données personnelles susmentionnées collectées par les autorités administratives locales compétentes avec la participation des représentants de la Commission Electorale Nationale Autonome et Permanente, sont traitées à l'échelon national par le Ministère de l'Intérieur en vue de l'établissement des listes électorales par province.*

Cette liste fait l'objet d'une révision annuelle avec la participation des représentants de la Commission Electorale Nationale Autonome et Permanente.

La période de révision est fixée par voie réglementaire.

La durée de l'enrôlement est de quarante cinq jours. Celle-ci peut faire l'objet d'une prorogation dont la durée est fixée par arrêté du Ministre chargé de l'Intérieur. Cette prorogation ne peut excéder quinze jours.

Pour l'accomplissement des formalités précitées, des commissions d'enrôlement sont mises en place dans chaque province par le Gouverneur. Elles comprennent, outre les représentants de l'Administration, ceux désignés par la Commission Electorale Nationale Autonome et Permanente.

Les compétences et modalités de fonctionnement de ces commissions sont fixées par voie réglementaire.

En cas d'élection Présidentielle anticipée, la période d'enrôlement est fixée par voie réglementaire. Des commissions d'enrôlement sont mises en place à cet effet dans chaque *province par le Gouverneur* et dans chaque mission diplomatique et consulaire du Gabon par le Chef de la mission.

En cas d'élection partielle des députés, des sénateurs ou des membres des conseils locaux, la liste de la dernière élection politique tient lieu de liste du scrutin considéré, sous réserve des corrections nécessaires ».

« **Article 38 nouveau** : Les électeurs décédés sont radiés de la liste électorale aussitôt que l'acte de décès a été dressé par l'autorité administrative compétente.

Tout électeur peut exiger cette radiation ».

« **Article 39 nouveau** : Les réclamations doivent être formulées auprès de l'autorité administrative locale dans un délai de quatre jours à compter de la date d'affichage de la liste électorale provisoire.

Toutes les réclamations sont inscrites par ordre chronologique sur un registre après présentation du récépissé d'enrôlement.

Il est procédé à l'authentification du récépissé d'enrôlement de l'électeur par l'autorité administrative dont dépend la commission concernée.

L'autorité administrative *locale* saisie, *statue sur* les réclamations *qui lui sont présentées dans un délai de dix jours, à compter de sa saisine et transmet les corrections au Ministère de l'Intérieur pour prise en compte*.

La décision est notifiée à l'intéressé *par l'autorité administrative concernée* dans un délai de *cinq* jours.

En cas d'élection Présidentielle anticipée, les délais de réclamations sont fixés par voie réglementaire ».

« **Article 40 nouveau** : L'électeur auquel la décision *de l'autorité administrative locale* n'a pas été notifiée dans les délais ou qui conteste cette décision peut exercer un recours devant *le tribunal administratif compétent*, conformément aux dispositions des articles 115 à 118 de la présente loi ».

« **Article 45 nouveau** : L'enrôlement d'un citoyen donne lieu à la délivrance d'un récépissé d'enrôlement.

L'enrôlement se fait sur présentation :

Pour les citoyens gabonais d'origine :
- d'un acte de naissance légalisé, d'un jugement supplétif ou de la carte nationale d'identité ;

Pour les citoyens gabonais naturalisés :

- d'un décret de naturalisation et un certificat d'authenticité délivré par le Président de la République, ou d'un jugement de *nationalité* et un certificat de conformité délivré par la juridiction compétente ;

Pour les citoyens gabonais nés à l'étranger :

- d'un acte de naissance dressé par l'autorité diplomatique ou consulaire gabonaise habilitée, ou d'un acte de naissance transcrit *à la mairie du premier arrondissement de la capitale.*

Au moment de l'enrôlement, sont relevés le nom patronymique, le nom d'épouse s'il y a lieu, le (s) prénom (s), la date et le lieu de naissance, le domicile ou la résidence, la profession, l'adresse, le centre de vote et les données biométriques nécessaires à l'identification de l'électeur ».

« **Article 46 nouveau** : Doivent figurer sur la liste électorale : le numéro d'ordre, le code électeur, l'identifiant unique, le nom patronymique, le nom d'épouse s'il y a lieu, les prénoms, la profession, le domicile ou la résidence, la date et le lieu de naissance et la photographie de l'électeur ».

« **Article 48 nouveau** : Sont inscrits sur la liste électorale d'une circonscription ou d'une section électorale, les citoyens gabonais des deux sexes remplissant les conditions suivantes :

- avoir dix huit ans révolus ;
- jouir de ses droits civils et politiques ;
- être né dans la circonscription électorale ou avoir un domicile ou une résidence notoirement connue depuis douze mois au moins, ou y posséder des intérêts économiques notoirement connus ou des intérêts familiaux régulièrement entretenus ».

« **Article 50 nouveau** : Nul ne peut être enrôlé dans plusieurs centres de vote. En cas d'enrôlements multiples, l'électeur est maintenu d'office sur la liste électorale de son premier enrôlement ».

« **Article 115 nouveau** : Tout auteur d'une réclamation concernant l'enrôlement qui conteste la décision intervenue peut, conformément aux dispositions des articles 39 et 40 de la présente loi, exercer un recours devant *le tribunal administratif compétent* dans un délai de huit jours à compter de celle-ci.

Le Tribunal administratif compétent est saisi par simple requête développant les moyens invoqués à l'appui du recours, à laquelle sont jointes toutes les pièces justificatives dont le requérant entend se prévaloir ».

« **Article 116 nouveau** : *Le tribunal administratif* saisi d'un recours notifie la requête aux parties intéressées dès réception et statue dans les cinq jours, après communication de la date de l'audience à toutes les parties au plus tard quarante-huit heures avant sa tenue ».

« **Article 117 nouveau** : En cas de doute sur la nationalité de l'auteur de la demande d'enregistrement sur une liste électorale ou dans le cas d'une question préjudicielle touchant l'état des personnes, *le tribunal ou la Cour d'appel judiciaire, selon le cas, sont* seuls compétents pour recevoir la requête en contestation. *Ils statuent* dans un délai de huit jours ».

« **Article 118 nouveau** : *Le tribunal administratif* statue en premier et dernier ressort. Les règles de procédure applicables sont celles prévues par la présente loi et celles prévues par le Code civil et le Code des juridictions administratives.

Toutefois, le recours du contentieux électoral n'est pas soumis au recours administratif préalable ».

Article 4 : La présente loi, qui abroge toutes les dispositions antérieures contraires, sera enregistrée, publiée selon la procédure d'urgence et exécutée comme loi de l'Etat.

Fait à Libreville, le 26 décembre 2012

Par le Président de la République,
Chef de l'Etat

Ali BONGO ONDIMBA

Le Premier Ministre, Chef du Gouvernement
Raymond NDONG SIMA

Le Ministre de l'Intérieur, de la Sécurité Publique, de l'Immigration et de la Décentralisation
Jean François NDONGOU

Le Ministre de la Justice, Garde des Sceaux, des Droits Humains et des Relations avec les Institutions Constitutionnelles
Ida RETENO ASSONOUET

Le Ministre du Budget, des Comptes Publics et de la Fonction Publique
Rose Christiane OSSOUKA RAPONDA

Décret n°0728/PR du 26 décembre 2012 portant promulgation de la loi n°009/2012 portant modification de la loi n°7/96 du 12 mars 1996 portant dispositions communes à toutes les élections politiques

LE PRESIDENT DE LA REPUBLIQUE, CHEF DE L'ETAT ;

Vu la Constitution, notamment en son article 17, alinéa 1er ;

D E C R E T E :

Article 1er : Est promulguée la loi n°009/2012 portant modification de la loi n°7/96 du 12 mars 1996 portant dispositions communes à toutes les élections politiques.

Article 2 : Le présent décret sera enregistré, publié selon la procédure d'urgence et communiqué partout où besoin sera.

Fait à Libreville, le 26 décembre 2012

Par le Président de la République,
Chef de l'Etat

Ali BONGO ONDIMBA

INDEX ALPHABÉTIQUE

(Les chiffres renvoient aux numéros des paragraphes)

Tables des MATIERES

Achevé d'imprimer par Corlet Numérique - 14110 Condé-sur-Noireau
N° d'Imprimeur : 114395 - Dépôt légal : décembre 2014 - *Imprimé en France*

www.ingramcontent.com/pod-product-compliance
Lightning Source LLC
LaVergne TN
LVHW051410061026
849535LV00009B/3458
* 9 7 8 2 3 4 3 0 4 8 5 7 4 *